25 Jahre Lizenz zum Karikieren.
Eine Auswahl der besten 180 im Tages-Anzeiger und in der SonntagsZeitung erschienenen Karikaturen von Nico zum aktuellen Weltgeschehen.

Nico-Anzeiger

Herausgeberin: TA-Media AG, Zürich
Koordination: Ursula Jacques

Nico-Karikaturen aus dem Tages-Anzeiger und der SonntagsZeitung

Editorial: Roger de Weck
Texte: Hans K. Studer
Konzeption, Gestaltung und DTP: Bruno Kümin und Walter Kümin

1. Auflage 1994
Copyright 1994 by TA-Media AG, Zürich

Technische Herstellung:
TA-Media AG Druckzentrum, Zürich
Printed in Switzerland
ISBN 3-85932-161-7
Vertrieb: Benteli-Werd Verlags AG, Zürich

Kuhhaut und Zeitungspapier

Nicht selten bekomme ich zu Nicos Karikaturen Leserbriefe. Manchmal sind es böse Briefe: Was sich Nico wieder einmal geleistet habe, das gehe auf keine Kuhhaut, heisst es dann etwa. Und das stimmt ja auch: Auf eine Kuhhaut geht es nicht, dafür kommt es auf die Frontseite des «Tages-Anzeigers», wo Nico seinen Stammplatz hat und fast täglich gleichsam seinen Leitartikel zeichnet.

Dicke Post als Antwort auf Karikaturen, die nach Meinung erboster Leserbriefschreiber alles sein dürfen, nur nicht böse. Doch Braves haben wir hierzulande genug, und ohnehin stellt sich die Frage, ob braver Humor nicht eine Contradictio in adjecto sei. Wer Nico kennt, weiss, dass er zum Glück niemals brav sein wird, was Liebenswürdigkeit in keiner Weise ausschliesst, im Gegenteil. Seine Karikaturen bewegen sich, wie wir alle es tun, zwischen Zuneigung und Bosheit, nur ist Nico in diesem ewigen Hin und Her einfach besser. Karikieren ist die Kunst, ein paar Striche auf den Punkt zu bringen.

Nico bringt die Dinge nicht bloss auf den Punkt, sondern auf den Doppelpunkt – der Zeichner ist auch ein Meister des (kurzen) Wortes. Die ein oder zwei Zeilen, die er unter manche seiner Karikaturen zu setzen pflegt, sind zugleich deren Anfang und Ende. Oft habe ich mich gefragt, womit er denn bei der Arbeit begonnen habe: mit der Karikatur über ihrer Legende oder mit der Legende unter der Karikatur? Das sind wohl müssige Überlegungen eines schreibenden Journalisten, der vom Wort kommt, während sich in Nicos Welt zwischen Bild und Wort keine Grenze zieht.

Überhaupt habe ich mich zu berichtigen: Eigentlich sind es nicht Leserbriefe, die ich bekomme, sondern Karikaturenbetrachterbriefeschreibe. Und die über Nico erzürnten Karikaturenbetrachterbriefeschreiber – die Karikaturenbetrachterinnenbriefeschreiberinnen nicht zu vergessen – tun sich schwer mit ihrer Kritik, denn fast ausnahmslos finden auch sie, Nico sei ein begnadeter Mann. Allerdings wollen sie ihm Grenzen setzen: dies oder das dürfe er nicht, hier oder dort sei er zu weit gegangen, diese oder jene Meinung sei ihm auszutreiben oder gar zu verbieten. Sie wünschen sich einen Narren ohne Narrenfreiheit. Aber sosehr Nico das Närrische liebt, er ist kein Narr, und zwar an keinem jener vielen Höfe dieser Welt, die er unentwegt zeichnet, beschreibt und bezeichnet: nicht so, wie man sie haben möchte, sondern so, wie Nicos sprechender Blick sie – mit aller Zielgenauigkeit – trifft.

Roger de Weck

Genfer Bosnien-Konferenz geplatzt

Kriegsopfer-Konferenz mit kräftiger Schlusserklärung

Kein Ende des Blutvergiessens und der sinnlosen Zerstörungen: Die Genfer Bosnien-Verhandlungen mussten ergebnislos abgebrochen werden, weil sich die drei Kriegsparteien nicht über die territoriale Aufteilung des Landes in drei Teilrepubliken einigen konnten. Rein zufällig ging gleichentags, ebenfalls in der Rhonestadt, eine auf Anregung des Internationalen Komitees vom Roten Kreuz von der Schweizer Regierung einberufene Konferenz zum Schutz der Kriegsopfer mit einer einmütig verabschiedeten Schlusserklärung zu Ende. Darin verpflichten sich die 159 Teilnehmerstaaten, die Zivilbevölkerung im Krieg zu schützen und das humanitäre Völkerrecht universell zu respektieren.

Die Forderung des bosnischen Präsidenten Izetbegovic nach Rückgabe einiger von den serbischen Truppen «ethnisch gesäuberter» Gebiete in Ostbosnien wurde von Serbenführer Karadzic rundweg abgelehnt. Ebenso kompromisslos lehnten die Kroaten das muslimische Verlangen nach einem Landzugang zur Adria ab. Nach dem Scheitern ihres Dreiteilungsplans für Bosnien-Herzegowina herrschte bei den EG- und Uno-Vermittlern, dem Briten Owen und dem Norweger Stoltenberg, Enttäuschung und Ratlosigkeit. Der kroatische Präsident Tudjman kommentierte lapidar: «Unglücklicherweise wird der Krieg weitergehen.»

In der Erklärung der Kriegsopfer-Konferenz wird dezidiert festgehalten: «Wir weigern uns, zu akzeptieren, dass Zivilbevölkerungen immer häufiger Hauptopfer von Feindseligkeiten und Gewalttaten werden, die im Verlauf bewaffneter Auseinandersetzungen begangen werden.»

Rey kann sich auf den Bahamas einnisten

Die Chance für eine Auslieferung des Bankrotteurs schwindet

Wenig beeindruckt von den Aktivitäten der bernischen Justizbehörden, sonnt sich der Finanzjongleur Werner K. Rey auf den Bahamas, soweit er nicht munter seinen neuen Geschäften nachgeht: Zur peinlichen Überraschung der heimatlichen Strafverfolger haben die bahamaischen Behörden dem flüchtigen Financier eine vorläufig auf ein Jahr befristete Aufenthalts- und Arbeitsbewilligung erteilt.

Mit diesem Coup ist die Berner Strategie, Rey mit dem nötigen diplomatischen Druck aus den Bahamas in ein Drittland ausschaffen zu lassen und in die Fänge der kooperationswilligeren US-Einwanderungsbehörden zu treiben, gescheitert. Vergeblich haben Staatsanwalt, Untersuchungsrichter und weitere Justizbeamte gruppenweise dreimal in Nassau vorgesprochen, um Reys Auslieferung zu betreiben, der 1991 mit seiner Omni-Gruppe unter Hinterlassung eines Schuldenbergs in Höhe von drei Milliarden Franken baden gegangen war. Dem Pleitier werden ungetreue Geschäftsführung, gewerbsmässiger Betrug, Urkundenfälschung und betrügerischer Konkurs vorgeworfen. Die Unterlagen zu seinem Fall füllen mittlerweile mehrere tausend Ordner.

Wird ganz schön vorgeführt.

«Wieder ein Brief aus Bern»

NICO-ANZEIGER

Die göttlichen Drei heben ab.

Rekordgewinne: Grossbanken treten auf die Bremse

Während die Arbeitslosenzahlen unaufhaltsam gegen die 200'000-Grenze kletterten, die rezessionsgeplagte Wirtschaft verzweifelt nach dem versprochenen Silberstreifen am Horizont Ausschau hielt und der Staat Gefahr lief, sich zu Tode zu sparen, ging es wenigstens den Grossbanken hervorragend. Trotz massiver Rückstellungen und Wertberichtigungen steigerten die Schweizerische Bankgesellschaft, die Schweizerische Kreditanstalt und der Schweizerische Bankverein ihre Gewinne schon im ersten Halbjahr 1993 um 67 bis 98 Prozent.

Allein für das erste Semester 1993 weisen SBG, SKA und SBV gemeinsam einen Nettogewinn von 2,89 Milliarden Franken aus. «Schuld» an der glänzenden Ertragslage war vor allem der florierende Wertschriften- und Devisenhandel. Angesichts der schlechten Konjunkturlage in der Industrie und der Hiobsbotschaften vom Arbeitsmarkt hinterliess der Bankenboom ein schales Gefühl – dies um so mehr, als die Hypothekarzinsen zum Ärger von Hausbesitzern und Mietern nur sehr zögerlich bis widerwillig gesenkt wurden, vor allem junge Unternehmen über eine kleinliche Kreditgewährung klagten und die Bankpersonalverbände mit den Managern wegen der Sicherung der Arbeitsplätze und dem Teuerungsausgleich im Clinch lagen. Um das Image der Finanzinstitute aufzupolieren, lancierte die Bankiervereinigung zwischen Hundefutter- und Waschmittelreklame Werbespots in eigener Sache am Fernsehen: Mehr oder minder telegene Bankexponenten antworteten in inszenierten Interviewrunden auf die (bestellte) Frage, ob solche Supergewinne «noch anständig» und «ethisch vertretbar» seien, der hohe Profit der Banken sei an sich schon ein Segen für alle beziehungsweise eine notwendige Voraussetzung für bessere Zeiten.

«Damit Ihr seht, dass ich kein Unmensch bin: Wollt Ihr einen Kleinkredit?»

Die Welt im Dino-Fieber

65 Millionen Jahre nach ihrem rätselhaften Aussterben feiern die Dinosaurier, die ihre (erste) Blüte im erdgeschichtlichen Jura-Zeitalter erlebten und sich durch eine besondere Formenmannigfaltigkeit auszeichneten, eine genmanipulierte Auferstehung: Tyrannosaurus Rex und Konsorten als Verkörperung unserer neuen, monokulturellen Gesellschaft. Das weltweit grassierende Dino-Fieber wird vor allem von dem mit einem Kostenaufwand von 65 Millionen Dollar gedrehten Kino-Mega-Hit des Hollywood-Tycoons Steven Spielberg angeheizt, der alle Kassenrekorde schlägt. Der buchstäblich grenzenlose Erfolg ruft andere Geschäftemacher auf den Plan, die den Markt mit Dino-Artikeln überschwemmen. Der Dollar rollt. Und auch der Rubel, der Yen, die Mark und der Franken. Bleibt die Hoffnung, dass den Dinos ihr zweites Aussterben nicht erspart bleibt...

«Siehst Du, mein Sohn, so nimmt man sie aus. Erstaunlich, dass die Menschen bei so viel Dummheit noch nicht ausgestorben sind.»

Kapitalismus reformieren statt überwinden

SPS stellt Entwurf für neues Wirtschaftskonzept vor

«Werfen Sie das Papier bitte ins Feuer, Johann - es wärmt dann wenigstens.»

Mit radikalen Reformen will sich die Sozialdemokratische Partei der Schweiz in den nächsten zwölf Jahren dafür einsetzen, dass die Schweizer Wirtschaft zwar wettbewerbsfähig bleibt, sich aber auch in sozialer und ökologischer Hinsicht weiterentwickelt. Parteipräsident Peter Bodenmann stellte in Bern den Entwurf für ein neues Wirtschaftskonzept vor: «Wir verzichten mit unserem Reformpapier auf ideologischen Langzeitschmus.»

Die Parteileitung ist sich bewusst, dass der Kapitalismus bis zum Jahr 2005 mangels eines überzeugenden Konzepts nicht überwunden werden kann. Sie will aber die Wirtschafts-, Sozial- und Umweltpolitik nicht kampflos wirtschaftsnahen Politikern überlassen. Sie will den Wirtschaftsstandort Schweiz erhalten und sich der neuen Technologie gegenüber offen zeigen. Mit eigenen Vorschlägen sollen die Rahmenbedingungen für Arbeitnehmer, sozial Schwache und Frauen verbessert werden. Mit einer Reichtumssteuer strebt die Partei eine stärkere Belastung von Vermögen und hohen Einkommen an. Kapital- und Erbschaftsgewinne sollen stärker abgeschöpft, und die Steuerhinterziehung soll härter bestraft werden. «Die SP ist eine wirtschaftsfreundliche Partei», hält das Papier fest.

Unerwarteter Ausgang eines wüsten Unfalls.

Ein Handschlag für die Geschichte

Israel und die PLO legen in Washington den Grundstein für den Frieden

Mit einem historischen Handschlag besiegelten Israels Ministerpräsident Yitzhak Rabin und der Vorsitzende der Palästinensischen Befreiungsorganisation (PLO), Yassir Arafat, in Washington ein Friedensabkommen, durch das vorerst der Gaza-Streifen und die Stadt Jericho als eine Art Mini-Palästina nach dem Rückzug der israelischen Truppen unter palästinensische Verwaltung gestellt werden. US-Präsident Bill Clinton nannte die Zeremonie «ein grosses Ereignis der Geschichte», bei dem er geschickt Regie führte: Als Rabin einen Moment zögerte, die ausgestreckte Hand Arafats zu ergreifen, führte er mit ausgestreckten Armen die einstigen Todfeinde entschlossen zusammen.

Unter den 2500 Gästen aus aller Welt, die der Zeremonie auf dem Rasen vor dem Weissen Haus beiwohnten, befand sich der norwegische Aussenminister Johan Jörgen Holst, der das Abkommen zwischen den beiden Parteien in Oslo erfolgreich vermittelt hatte. Rabin erklärte: «Wir sind ausersehen, miteinander zu leben. Wir geben deshalb heute dem Frieden eine Chance. Es sind genug Blut und Tränen geflossen.» Die Jubelfeste in Israel und in den besetzten Gebieten konnten die kriegerischen Töne der Extremisten, die in beiden Lagern den Friedensprozess nach Kräften stören wollen, nicht ganz übertönen.

«Könnten Sie nicht noch etwas weiter auseinandersitzen?»

NICO-ANZEIGER

Yitzhak Rabin

Yassir Arafat

Lefebvre-Anhänger planen Mädcheninternat

Langenbrucker Gemeinderat wehrt sich

Die vom verstorbenen, vom Vatikan verstossenen Erzbischof Marcel Lefebvre gegründete Priesterbruderschaft Pius X., die in verschiedenen Ländern Schulen von der Primar- bis zur Universitätsstufe unterhält, wollte im pädagogischen Bereich auch in der Deutschschweiz einen Pflock einschlagen. Auf einem stillgelegten Fabrikareal mitten im Baselbieter Tausend-Seelen-Dorf Langenbruck, auf dem früher ausgerechnet Zünder für die Schweizer Armee entwickelt worden waren, plante sie die Errichtung eines Mädcheninternats mit 50 Plätzen.

Der Gemeinderat von Langenbruck, der von einer rechtskatholischen Schule eine stete Provokation für die mehrheitlich protestantische Bevölkerung befürchtete, leistete geschlossen Widerstand gegen das Projekt – mit geringer Aussicht auf Erfolg, weil sich die Traditionalisten, für welche die soziale Gleichstellung von Mann und Frau vom Teufel kommt, auf die Glaubens- und Gewissensfreiheit berufen konnten. Da nahm der unausweichlich scheinende Konflikt eine überraschende Wende: Aufgrund des Medienrummels um ihr umstrittenes Langenbrucker Projekt erhielt die Bruderschaft, die einst nach der Gründung des Priesterseminars von Ecône im Wallis mit dem Vatikan übers Kreuz geraten war, so viele Anmeldungen für Internatsplätze und Spenden, dass sie andernorts eine grössere Schulanlage planen konnte. Dafür fassten die Lefebvre-Jünger zuerst eine Gemeinde mit dem sinnigen Namen Allerheiligenberg ins Auge.

«Wenn Du Dir schon eine Frau ausmalst, muss sie zumindest wie ein Mann aussehen.»

Der Stapi-Kandidat kommt aus Adliswil

Wagner, Wehrli und Nigg wussten von nichts

Vier Jahre hatten die bürgerlichen Zürcher Stadtparteien Zeit, um einen Gegenkandidaten für den 1994 wieder antretenden Stadtpräsidenten Josef Estermann (SP) aufzubauen. Das grosse Rätselraten um die Person des Herausforderers ging in Konsternation über, als die Parteipräsidenten Christian Steinmann (FDP), Ulrich Weidmann (CVP) und Walter Frey (SVP) ihren in geheimen Beratungen erkorenen Kandidaten der Öffentlichkeit präsentierten: Andreas A. Müller war ein politischer Nobody und musste zudem erst seinen Wohnsitz von Adliswil nach Zürich verlegen, um überhaupt zur Wahl antreten zu können.

Nicht einmal die bürgerlichen Stadträte Thomas Wagner, Hans Wehrli und Wolfgang Nigg wussten, mit welcher überparteilichen Wahllokomotive sie in die grosse Ausmarchung ziehen sollten: Sie waren von ihren Parteileitungen zuvor nicht konsultiert worden. Zürich brauche «neue, fähige Köpfe, frischen Wind und endlich wieder mehr politische Kultur», begründeten die Parteichefs ihre Kampfansage. Mit der Nomination Müllers – Direktor des privaten Instituts für angewandte Psychologie, zwar FDP-Mitglied, politisch aber noch nie in Erscheinung getreten – zerstörten sie auch viele heimliche Hoffnungen auf eine Frauenkandidatur. Der herausgeforderte Estermann konnte dem Wahlkampf gelassen entgegensehen – zu Recht, wie sich herausstellen sollte.

Am Montag danach...

«Ma's Armee» kämpft um Olympia

Chinesinnen liefern Weltrekorde am laufenden Band

Im Endspurt um die Bewerbung für die Olympischen Spiele 2000 zog Peking alle Register. Im Auftrag der Kommunistischen Partei wurden Leichtathletik-Weltrekorde von «Ma's Armee» am laufenden Bank gebrochen. Zur Erklärung der unglaublichen Rekordserie meinte Trainer Junren Ma, die Führer von Partei und Staat hätten der Leistung von Weltmeisterin Junxia Wang, die den Weltrekord über 10'000 m pulverisiert hatte und als erste Frau unter 30 Minuten gelaufen war, eine grosse Bedeutung beigemessen. Als Antwort auf den Ruf von Partei und Staat habe er beschlossen, weitere Weltrekorde brechen zu lassen.

Gehorsam verbesserten in der Folge die chinesischen Läuferinnen an den Nationalspielen, die Pekings Fähigkeit zur Durchführung von Olympischen Spielen demonstrieren sollten, in Vor- und Finalläufen Bestmarke um Bestmarke. So drückte die gleiche Junxia Wang den am Vortag von Junxia Qu aufgestellten Weltrekord über 3000 m um mehr als 6 Sekunden auf 8:06,11. Über 1500 m verbesserte Junxia Qu den ältesten Frauenweltrekord um 2,01 Sekunden auf 3:50,46 Minuten. Insgesamt blieben acht Athletinnen auf den Strecken über 1500, 3000 und 10'000 m unter den bis zu 13 Jahren alten bisherigen Bestmarken. Sie werden in ihrer Heimat «Ma's Armee» genannt, weil sie von ihrem Trainer wie eine Armee gedrillt werden. Die bestellte Rekordserie liess die bereits an den Weltmeisterschaften von Stuttgart durch drei chinesische Goldmedaillen entfachte Diskussion um Dopingmissbrauch neu aufflammen. Ma wies alle Verdächtigungen scharf zurück, Beweise konnten nicht erbracht werden.

In Peking wäre am meisten zu verdienen gewesen

Trotzdem entschied sich das IOK knapp für Sydney

Die in Monte Carlo tagenden 88 Mitglieder des Internationalen Olympischen Komitees (IOK) hatten unter den Kandidaturen von Berlin, Istanbul, Manchester, Peking und Sydney die Olympiastadt 2000 zu erküren. Die Aussichten auf Rieseninvestitionen und einen unberührten Markt liessen die Sponsoren nach China schielen: Peking wurde aus wirtschaftlichen Gründen favorisiert. Aber das IOK entschied sich im vierten Wahlgang mit 45:43 Stimmen für die australische Kandidatur, die wohl sportlich die besten Voraussetzungen bot und zudem politisch unbelastet war.

Die frühere IOK-Direktorin Monique Berlioux behielt für einmal unrecht. Sie hatte auf Pekings Wahl schon in der ersten Runde getippt: «Das IOK hat schon immer den am wenigsten demokratischen Kandidaten ausgewählt, weil der die Spiele ohne Widerstand organisieren kann.» Peking lag zwar in drei Wahlgängen an der Spitze, doch im entscheidenden vierten Durchgang könnten einige IOK-Mitglieder, welche die andauernde Missachtung der Menschenrechte in China nicht durch die Vergabe der ersten Olympischen Spiele des neuen Jahrtausends belohnen wollten, den Ausschlag für die knappe Niederlage Pekings gegeben haben. Schliesslich sind dort noch immer jene Machthaber am Ruder, die für das Blutbad auf dem Platz des Himmlischen Friedens die Verantwortung tragen.

Zürich will höhere Steuern

Kantonale Finanzen sollen bis 1996 aus den roten Zahlen heraus sein

Bis 1996 will der Zürcher Regierungsrat die Kantonsfinanzen aus den tiefroten Zahlen herausführen. Neben rigorosen Sparmassnahmen ist zur Sanierung des Staatshaushalts auch eine Erhöhung des Steuerfusses um 3 auf 111 Prozent nötig.

In den achtziger Jahren hatte der Kanton Zürich Jahr für Jahr Überschüsse eingefahren, weshalb Steuererleichterungen gewährt werden konnten, die nun neben dem Ausbau der staatlichen Leistungen und der Aufblähung des Verwaltungsapparates eine der Ursachen der Finanznot des bevölkerungsreichsten Kantons sind. In den neunziger Jahren sackten die Haushaltszahlen in den Keller, da neben dem «strukturellen» Defizit der Wirtschaftseinbruch dramatische Auswirkungen auf die Staatsfinanzen hatte: Zürich schrieb 1991 und 1992 Defizite von 417 und 519 Millionen Franken. Während die SP die von der Regierung vorgeschlagene dreiprozentige Steuerfusserhöhung für das «absolute Minimum» hielt, kündigten FDP und SVP hartnäckigen Widerstand im Parlament an.

25 Prozent höhere Mietzinse?

Marktmiete würde Wohnen massiv verteuern

Eine Aufhebung der geltenden Mietzinskontrolle brächte den Mietern eine Erhöhung der Zinsen um rund 25 Prozent und den Vermietern jährliche Mehreinnahmen von rund fünf Milliarden Franken. Da rund ein Drittel der Mieter nach den Berechnungen der Experten ihre Wohnungen nicht mehr zahlen könnten, würden die Preisaufschläge für Hunderttausende von Haushalten eine Sozialhilfe in Milliardenhöhe nötig machen. Zu diesen Schlüssen kam eine vom Bundesrat eingesetzte Studienkommission, welche die Konsequenzen eines Systemwechsels zur Marktmiete untersuchte.

Der Deutschweizer Mieterverbandspräsident, Nationalrat Rudolf Strahm, bezeichnete einen Systemwechsel angesichts dieser Zahlen als «untragbar». Einmal mehr würde es darum gehen, die Gewinne zu privatisieren und die Folgekosten dem Staat aufzubürden. Er warnte vor einem Versuch, die Marktmiete im Parlament per Motion durchzudrücken, und drohte mit dem «todsicheren Referendum». Andererseits forderte der Direktor des Hauseigentümer-Verbands, Hanspeter Götte, eine «Politik der kleinen Schritte» in Richtung Deregulierung des Wohnungsmarktes, auf dem sich der Wind zwar gedreht hat, nach wie vor aber ein massiver Nachfrageüberhang nach billigen Wohnungen besteht.

«Das bisschen Tapezieren werde ich wohl von meinen Mietern noch verlangen dürfen.»

Initiative fordert Frauenquoten beim Bund

Eine brisante Volksinitiative ist in Bern der Öffentlichkeit präsentiert worden: Sie verlangt «eine gerechte Vertretung der Frauen in den Bundesbehörden».

Nach den wichtigsten Forderungen des vom überparteilichen Verein «Frauen in den Bundesrat» lancierten Volksbegehrens müssten mindestens drei der sieben Bundesratsmitglieder Frauen sein. Jeder Kanton ordnet eine Frau und einen Mann in den Ständerat ab (den Halbkantonen, die nur mit einem Mitglied in der kleinen Kammer vertreten sind, soll die Wahl freistehen). Der Anteil der weiblichen Mitglieder und Ersatzmitglieder im Bundesgericht muss mindestens 40 Prozent betragen. Zudem soll das Gesetz für eine ausgewogene Vertretung der Frauen in den Verwaltungen und an den Hochschulen sorgen.

Genf für drei Wochen Bundesstadt

Da das Bundeshaus einer längst fälligen Innenrenovation unterzogen werden musste, konnte die Herbstsession 93 nicht im Kuppelpalast über der Aare stattfinden. Die eidgenössischen Räte folgten deshalb einer Einladung der Genfer Stadt- und Kantonsregierung, ihre Sitzungen im neuzeitlichen Kongresszentrum abzuhalten, in dem sich einst Reagan und Gorbatschow getroffen haben. Im Ständerat, der sich offenbar nur schwer von der Jassecke im Café Fédéral trennen konnte, fiel die Entscheidung für den Umzug an die Rhone zwar äusserst knapp aus, doch hatten die Nationalräte und Standesvertreter ihn nicht zu bereuen; die gastfreundliche Stadtrepublik, die glücklich war, drei Wochen lang Bundesstadt spielen zu dürfen, verwöhnte die Volksvertreter mit einem so reichbefrachteten Bankett- und Kulturprogramm, in welchem auch Besuche von Rebbergen und Weinkellern nicht fehlen durften, dass man sich wundern musste, dass überhaupt noch Zeit (und Kondition) für Ratssitzungen blieb.

«Sehr vernünftig, dieses Parlamentarier-Turnen. Ohne das würden sie unser Kulturprogramm nicht durchstehen.»

Bald 40-Tönner aus der EG im Mittelland?

In den Verhandlungen mit der Schweiz über ein Strassenverkehrsabkommen will die EG erreichen, dass 40-Tonnen-Lastwagen aus ihren Mitgliedstaaten im schweizerischen Mittelland herumfahren können. Dies geht aus dem Verhandlungsmandat hervor, das die EG-Kommission in Brüssel zuhanden des Ministerrats verabschiedet hat.

Der politische Preis für zweiseitige Abkommen mit der EG im Luft- und Strassenverkehr wird für die Schweiz, die den EWR-Vertrag in einer Volksabstimmung bachab geschickt hat, immer höher. Erst forderte die Kommission in einem Bericht über die zukünftigen Beziehungen zur Schweiz einen Interessenausgleich in Form von Lockerungen der schweizerischen Ausländergesetzgebung. Nun sollen Schweizer Strassentransporteure nur dann ungehindert im grossen EG-Markt operieren dürfen, wenn umgekehrt die schweren EG-Brummer über die bisherige 10-Kilometer-Grenzzone hinaus die helvetischen Wirtschaftszentren anfahren dürfen. Zudem sollen 40-Tönner aus der EG die Schweiz nicht nur dann durchqueren dürfen, wenn sie eilige oder verderbliche Güter geladen haben oder die Verladekapazitäten der Bahn erschöpft sind.

S plus ist auf Sendung

Mit der Übertragung eines Gala-Abends aus Gstaad nahm der neue Schweizer Fernsehsender S plus seinen Betrieb auf. «Freude herrscht», rief Bundespräsident Adolf Ogi dem Live-Publikum zu, nachdem er mit S-plus-Direktor Roy Oppenheim einen überdimensionalen Stecker ans Stromnetz angeschlossen hatte.

Die Freude hielt nicht lange an: Der mit einem mageren Jahresbudget von nur 30 Millionen Franken ausgestattete und gegen den Leutschenbach-Geist konzipierte vierte SRG-Kanal enttäuschte die hochgespannten Erwartungen seiner geistigen Väter, zu denen in vorderster Front Medienminister Ogi zählte. Abgesehen von Sportberichterstattungen konnte er kaum je Zuschauerbeteiligungen erreichen, die für die Werbewirtschaft attraktiv gewesen wären. Trotzdem kam das Ende rascher als erwartet: Ende 1994 machte S plus eine Bruchlandung.

«Vom Programm her ein neuer Radiosender. Das Plus steht wohl fürs Bild, das sie noch mitliefern.»

«Auf diesen schmalen Schienen müssen die Brummis kommen.»

Neat-Bohrer rattern am Gotthard

Vorarbeiten für den Basistunnel beginnen in der Leventina

Am gleichen Tag, an dem die Brüsseler EG-Kommission klar machte, dass sie das Kernstück des Transitvertrags mit der Schweiz, die 28-Tonnen-Limite für Lastwagen, und zugleich die schweizerischen Einwanderungsbestimmungen für Arbeitskräfte zu Fall bringen will, begannen mit einer symbolischen Sprengung bei Faido die Bauarbeiten für die Neue Eisenbahn-Alpen-Transversale (Neat).

Beim Start zum Vortrieb eines Sondierstollens, dem faktischen Baubeginn am Gotthard-Basistunnel, erklärte Bundespräsident Adolf Ogi, die Schweiz vertraue jetzt darauf, dass die EG ihrerseits den Transitvertrag einhalte. Die rasche Inangriffnahme der Neat und die Verdreifachung der Schienenkapazität im Huckepackverkehr durch die Schweiz ab 1994 verpflichte die EG geradezu, Hand zum kombinierten Verkehr Schiene/Strasse zu bieten. Zehn Monate nach Ogis Jubeltag in der Leventina kam nicht die zur Europäischen Union (EU) gewandelte EG dem Verkehrsminister in die Quere, sondern sein Bundesratskollege Otto Stich: Angesichts der desolaten Lage der Bundesfinanzen forderte der Kassenwart dringend, das vom Volk im September 1992 bewilligte Jahrhundertprojekt zu «etappieren», nur den Gotthard-Basistunnel zu bauen und die Lötschberg-Röhre zurückzustellen.

Ganz normaler Terror.

Grünes Licht für Pilatus-Exporte

Bührle-Konzern setzt Bundesrat unter Druck

Die Flugzeugwerke Stans dürfen zwanzig PC-9 nach Südkorea und sieben PC-7 nach Nigeria liefern. Der Bundesrat hat den Export der Trainingsmaschinen bewilligt und entschieden, dass in beiden Fällen die umstrittenen Waffentragvorrichtungen nicht abgeändert werden müssen, obwohl zumindest Südkorea als Spannungsgebiet gilt.

Mit seinem überraschenden Entscheid, dass beide Länder die begehrten Maschinen in der Originalversion mit Waffentragvorrichtungen an den Tragflächen erhalten, hat die Landesregierung eine Volte geflogen: Nur ein halbes Jahr zuvor hatte der Bundesrat die Bührle-Tochter in Stans unter erheblichem innen- und aussenpolitischem Druck wissen lassen, Pilatus-Exporte in Spannungsgebiete seien ab sofort nur noch erlaubt, wenn durch eine Änderung der Flügelkonstruktion eine nachträgliche Bewaffnung ausgeschlossen sei. Die Drohungen des Bührle-Konzerns, im Falle eines Scheiterns des Südkorea-Geschäfts die Pilatus-Produktion ins Ausland zu verlagern und in Nidwalden mehrere hundert Arbeitsplätze abzubauen, bewirkten den Sinneswandel im Bundesrat.

Mit traumwandlerischer Sicherheit dem Ziel zu.

«EG-Beitritt als Endziel»

Cotti spielt Absichtserklärung herunter

Einen Tag, nachdem durch Indiskretionen die aktuelle europapolitische Einschätzung des Bundesrates publik geworden war und für entsprechende Irritationen in Parlaments- und Medienkreisen gesorgt hatte, spielte Flavio Cotti die Brisanz der bundesrätlichen Haltung herunter.

Die Landesregierung hatte auf Antrag des Aussenministers beschlossen, die EG-Vollmitgliedschaft öffentlich wieder als Endziel der schweizerischen Integrationspolitik zu bezeichnen. Diese Absichtserklärung war auch in zwei Antworten auf ständerätliche Interpellationen und in Redemanuskripten der Bundesräte Cotti und Delamuraz enthalten, die aber wegen der Verschiebung der Europadebatte in der kleinen Kammer in der Schublade blieben. Nun erklärte Cotti im Fernsehen, der europapolitische Kurs Berns habe sich nicht geändert: Die Regierung versuche nach wie vor, die drei Optionen «bilaterale Verhandlungen» (für die nach dem Volks-Nein zum EWR-Beitritt der einzige Handlungsspielraum besteht), «zweiter Anlauf zu einem EWR-Vertrag» und «EG-Beitritt» offenzuhalten.

Prosts Rücktritt auf dem Höhepunkt

Vierter WM-Titel für den erfolgreichsten Formel-1-Piloten der Gegenwart

Bei seinem kurzen Comeback holte sich der französische Autorennfahrer Alain Prost mit Williams-Renault nach 1985, 1986 und 1989 seinen vierten Weltmeistertitel in der Formel 1.

Einer kam lebend durch: Prost!

Zuvor hatte der kleingewachsene «Professor» eine Rennsaison ausgelassen, in welcher die Boliden durch den Ausbau der computergesteuerten Funktionen eine wesentliche Evolution durchgemacht hatten. Dem in der Nachkriegszeit aufgestellten Rekord des Argentiniers Juan Manuel Fangio an Weltmeistertiteln (es waren deren 5) trauerte der Franzose mit Schweizer Wahlheimat am Genfersee bei seinem Rücktritt nicht nach: «Wenn ich eine fünfte Weltmeisterschaft gewinnen würde, wäre die Versuchung auf eine sechste gross. Irgendeinmal muss man aufhören können, und das will ich auf dem Höhepunkt. Ich habe viel erreicht und will meine Karriere nicht mit einem überflüssigen Zusatzjahr trüben. Zudem will ich nicht, dass mein zwölfjähriger Sohn an jedem Grand-Prix-Sonntag um mein Leben bangen muss.»

«Entweder Sie - oder wir alle.»

Lex Friedrich: Abbau sofort oder in Raten?

Ständerat für völlige Aufhebung des Gesetzes

Der Ständerat folgte überraschend dem Drängen der welschen Stände und der Tourismuskantone und beauftragte den Bundesrat mit 23:11 Stimmen, die Lex Friedrich über die Einschränkung der Grundstückverkäufe an Ausländer «vollständig und definitiv aufzuheben oder ihre Anwendung den Kantonen zu überlassen».

Gegner der Lex Friedrich, die auf der angenommenen Volksinitiative gegen den «Ausverkauf der Heimat» basiert, sprachen vom «scheinheiligsten Gesetz der Schweiz»: Während man den Verkauf von Ferienhäusern an Ausländer einschränke und dadurch die Rezession vertiefe und Baufirmen in den Konkurs treibe, seien alteingesessene Schweizer Unternehmen wie BBC, Suchard und Tobler von ausländischen Konzernen übernommen worden. Der Waadtländer Liberale Hubert Reymond stellte bei der Argumentation für seine Motion die provokante Frage: «Spielt es eine Rolle, ob die Landschaft in Graubünden von Zürchern oder von Deutschen verschandelt wird?»
Der Bundesrat würde eine Teilrevision der Lex Friedrich vorziehen. Ihm schwebt das von der EG akzeptierte Modell Dänemark vor: Wer in Dänemark wohnt oder fünf Jahre im Land gelebt hat, braucht keine Bewilligung für einen Grundstückkauf.

Die Teuerung wird weiter sinken

Lusser warnt vor übertriebenen Zinshoffnungen

Auf dem Höhepunkt der Rezession wurde Nationalbankpräsident Markus Lusser wegen seiner restriktiven Geldmengenpolitik öfters hart kritisiert und gelegentlich unverhohlen für den tiefen Wirtschaftseinbruch verantwortlich gemacht. Aber seine Prognose, dass nur ein harter Franken die Teuerung wirksam bekämpfe und eine tiefe Inflationsrate die beste Garantie für eine Erholung der Wirtschaft biete, scheint sich zu bestätigen. Lussers frohe Kunde: Die Teuerung wird in den kommenden Monaten weiter sinken.

Der SNB-Chef macht erste Silberstreifen am bisher düsteren Konjunkturhimmel aus: Die Konsumausgaben der Haushalte – ein wichtiger Konjunkturfaktor – nehmen wieder zu, und auch bei den Wohnbauinvestitionen ist ein deutlicher Anstieg zu verzeichnen. Bei den Exporten ist allerdings noch wenig Bewegung auszumachen, da sich die anhaltende Rezession in den wichtigsten Abnehmerländern der schweizerischen Exportindustrie negativ auswirkt. Nach Meinung Lussers ist im Inland der Spielraum für weitere rasche Zinssenkungen, die zudem die Preisstabilität gefährden könnten, begrenzt.

«Stop - der Wetterfrosch ist noch nicht bereit für sonniges Wetter.»

«Siehst Du, der Aufschwung kommt! Und soviel ich sehe, zuerst in der Baubranche.»

NICO-ANZEIGER

Clintons Gesundheitsreform ist festgefahren

Dem Herzstück seiner Innenpolitik droht ein Debakel

Im Präsidentschaftswahlkampf 1992 hat der Demokrat Bill Clinton die Stimmen vor allem der Mittelklasse nicht zuletzt mit seinem Versprechen einer Gesundheitsreform gewonnen. Nun bahnt sich gerade bei der Reform der Krankenversicherung, dem wichtigsten Anliegen seiner Innenpolitik, ein Debakel für den Präsidenten an.

Als Clinton den von einer Kommission unter Leitung seiner tatkräftigen Gattin Hillary Rodham Clinton erarbeiteten, 1342 Seiten starken Plan, der Millionen von Amerikanerinnen und Amerikanern einen ausreichenden Versicherungsschutz bei Krankheit und Unfall verschaffen sollte, dem Kongress übergab, waren Medien und Öffentlichkeit des Lobes voll über das Reformprojekt. Unterdessen wird es von einer Lobby aus Versicherungswirtschaft und Gewerbe erfolgreich zerzaust, das parlamentarische Prozedere ist ins Stocken geraten. Nach den Vorstellungen des republikanischen Oppositionsführers Bob Dole, eines möglichen Gegenkandidaten bei Clintons Wiederwahlkampagne von 1996, wird es weder Arbeitgeberbeiträge für die Finanzierung einer obligatorischen Krankenversicherung noch regionale Zusammenschlüsse der Versicherten in sogenannten Gesundheitsorganisationen geben.

«Vom Gesundheitspass sollten Sie mindestens 500 Millionen produzieren, von der anderen Karte nur eine...für mich.»

Boris ist stärker geworden.

Jelzin kämpft Aufstand in Moskau nieder

Putschführer Ruzkoi und Chasbulatow verhaftet

Elite-Einheiten der russischen Streitkräfte haben den Aufstand nationalistischer und kommunistischer Oppositionsgruppen, die nach der von ihnen bekämpften Parlamentsauflösung Präsident Boris Jelzin stürzen wollten, blutig niedergeschlagen. Panzer- und Luftlandetruppen stürmten das Zentrum der Meuterei, das Moskauer Parlamentsgebäude, wo sich die Putschisten verschanzt hatten. Nach einem mehr als zehnstündigen Kampf verliessen mehrere hundert Rebellen das lichterloh brennende Hochhaus. Sie und ihre Anführer – Jelzins abgesetzter Vizepräsident Alexander Ruzkoi, der sich zum Gegenpräsidenten proklamiert hatte, und Parlamentspräsident Ruslan Chasbulatow – wurden verhaftet. Später rettete sie eine vom Parlament gegen Jelzins Widerstand verfügte Amnestie vor einem Hochverratsprozess.

Erscheinung zur Buchmesse.

Nichts Neues in der Moral-Enzyklika

Päpstliches Lehrschreiben im Zeichen der Tradition

Die von den nationalen Bischofskonferenzen den Medien vorgestellte päpstliche Moral-Enzyklika «Veritatis Splendor» (Glanz der Wahrheit) bekräftigt die traditionellen kirchlichen Lehrmeinungen, namentlich in der Sexualethik. Das Lehrschreiben, das mit neueren Auffassungen scharf ins Gericht geht, hält an den Verboten der künstlichen Empfängnisverhütung, der Selbstbefriedigung und der vorehelichen und homosexuellen Beziehungen fest.

Papst Johannes Paul II. beharrt in seiner an die Bischöfe adressierten Enzyklika weiterhin auf den «in sich und unter allen Umständen schlechten Handlungen». Entgegen allen Befürchtungen hat der Papst in seiner schon vor sechs Jahren angekündigten Moral-Enzyklika die sexualethischen Positionen des kirchlichen Lehramts nicht zum Dogma erhoben, sie also nicht für unfehlbar erklärt. Trotzdem löst das 200seitige Dokument vor allem unter deutschsprachigen Moraltheologen, die sich nach dem Zweiten Vatikanischen Konzil intensiv mit einer rationalen Begründung sittlicher Prinzipien, Werte und Normen beschäftigt haben, keine ungetrübte Freude aus.

Schmiergeld im Vatikan gewaschen?

Bank des Kirchenstaates will zur Aufklärung beitragen

Die neue Moral-Enzyklika «Veritatis Splendor» enthält auch einen Abschnitt über Ethik in Politik und Gesellschaft. Pikanterweise «kollidierte» das neue päpstliche Lehrschreiben bei seiner Veröffentlichung mit dem sich hartnäckig haltenden Gerücht, dass auch die Vatikanbank IOR (Istituto per le opere di religione) in den Mailänder Schmiergeldskandal verwickelt sei.

Im Finanzinstitut des Kirchenstaates sollen umgerechnet 75 Millionen Franken an Bestechungsgeldern gewaschen worden sein. Es soll sich dabei um eine sogenannte Tangente-Vermittlungsgebühr handeln, welche die zur Agrogruppe Ferruzzi gehörende Montedison im Herbst 1990 an die Sozialistische Partei des damals regierenden Ministerpräsidenten Bettino Craxi zahlte, weil sie ihren Anteil am Chemiekonzern Enimont zu einem eindeutig übersetzten Preis an die Staatsholding ENI abstossen konnte. Weitere 65 Millionen Franken sackten andere tonangebende politische Kräfte, vor allem die Christdemokraten, ein, weil sie sich dem für die Familie Ferruzzi so vorteilhaften Handel nicht widersetzten. Ausgerechnet die Sozialisten sollen die erhaltenen Staatstitel bei der IOR in flüssige Mittel umgesetzt haben. Der Vatikan sagte den Mailänder Untersuchungsrichtern seine Mitarbeit bei der Aufklärung der peinlichen Affäre zu.

Von Schuld keine Spur.

«Wäre Eishockey ein Sport, könnten wir Eure Niederlage bequem wegstecken. Da das ganze aber «Big Business» ist – und ich für die Sanierung dieses Unternehmens verantwortlich bin – , seid Ihr alle entlassen.»

Der ZSC in der Krise

Der mit Vorschusslorbeeren in die Eishockey-Meisterschaft 93/94 gestartete Zürcher Schlittschuh-Club steckt in einer tiefen Krise, liegt der ZSC doch nach zehn Meisterschaftsrunden und sechs Niederlagen in Serie an letzter Stelle. Die abtretende Führung hat Trainer Arno del Curto, der die Heimniederlage gegen Aufsteiger Davos mit der wenig schmeichelhaften Gleichung «Angeschlagen plus nervös plus überheblich gleich unglaublich» kommentierte, mit sofortiger Wirkung entlassen.

Das auf dem Eis gebotene Trauerspiel war allerdings nur ein Abbild der chaotischen Zustände auf der Vorstandsetage, wo erst wieder geordnete Verhältnisse einkehrten, als der Unternehmer Bernd Böhme nach einer ausserordentlichen Generalversammlung das Präsidium übernahm und die Unsicherheit über die Zukunft des Hallenstadion-Clubs beseitigte. Die von Böhme geleitete AEG Schweiz wird neuer ZSC-Hauptsponsor.

«Wohin kann ich Sie mitnehmen?»

SBB auf Sparkurs

Personalabbau und drastische Rationalisierung

Mit einer drastisch auf Sparkurs gepolten mittelfristigen Planung will die SBB-Leitung dafür sorgen, dass die Bundesbahnen für den Bund schon bald «kein Budgetrisiko» mehr sind. Dies versprach Generaldirektionspräsident Benedikt Weibel. Das Wachstum der Bundeszuschüsse soll von bisher 13 Prozent bis 1998 auf 4,6 gesenkt werden. Das zwingt die SBB, ihr Personal von 38'000 auf 34'000 abzubauen. Mit dem Sparprogramm «Trendbruch» soll der regionale Personenzugverkehr stark eingeschränkt werden. Auf zahlreichen defizitären Linien sollen die Züge gestrichen und teilweise durch Busse ersetzt werden. Auf andern Strecken sollen Züge nur noch in Spitzenzeiten verkehren.

Ausschaffung «in Würde»

Berner Regierung sieht von Razzien in Kirchen ab

Rund hundert abgewiesene kosovo-albanische Flüchtlinge, die in 18 Kirchgemeinden im Kanton Bern Unterschlupf gefunden haben, werden definitiv ausgeschafft. Die Berner Regierung will aber auf Razzien in Kirchen verzichten und verspricht, die Ausschaffung «differenziert und in Würde» vorzunehmen.

In den 13 reformierten und 5 katholischen Pfarreien, die den Flüchtlingsfamilien vor allem in den Städten Bern und Biel Kirchenasyl gewähren, wird das Angebot von Polizeidirektor Peter Widmer (FDP), schrittweise vorzugehen und eine Verhandlungslösung anzustreben, mit Erleichterung aufgenommen. Es war befürchtet worden, die Polizei breche das Kirchenasyl mit einer Überraschungsaktion. Der evangelisch-reformierte Synodalrat bedauert aber, dass Kinder, Frauen und Männer in ein Land ausgeschafft werden sollen, wo sie an Leib und Leben bedroht sind.

«Wenn er nicht würdevoller fliegen kann, ist das sein Problem.»

Wenn den Staat der Schuh drückt.

Rom macht Dampf bei der Privatisierung

Keine staatlichen Panettoni mehr

In den vergangenen Jahren ist auch in Italien mehr oder weniger intensiv über die Privatisierung von Staatsbetrieben gesprochen worden, ohne dass den Worten konkrete Taten gefolgt wären. Nun aber sind Ministerpräsident Carlo Azeglio Ciampi, ein früherer Gouverneur der Staatsbank, und sein Schatzminister Piero Barrucci offenbar fest entschlossen, beträchtliche Teile der beiden Staatsholdings IRI und ENI zu veräussern.

Nach ihren Vorstellungen soll der Staat nur noch dort direkt in den Produktionsprozess eingreifen, wo übergeordnete Interessen auf dem Spiel stehen, beispielsweise in der Energieversorgung oder bei der Telekommunikation. Die Herstellung von Spaghetti, Panettoni und Gelati soll hingegen künftig ganz der Privatwirtschaft überlassen werden. Nicht begeistert von der drohenden Entstaatlichung sind jene Politiker, die ihren Einfluss auf die Besetzung begehrter Managerposten verlieren.

Die Eiserne Lady rächt sich für ihren Sturz

Im November 1990 war die britische Premierministerin Margaret Thatcher, die einer Ära ihren Namen gab, von ihren Tory-Parteifreunden aus Amt und Würden vertrieben worden. Nun rächt sich die noch immer von Bitterkeit erfüllte Eiserne Lady an ihren «verräterischen» Gefolgsleuten auf 914 Seiten ihres Memoirenbandes «Margaret Thatcher: Die Jahre in Downing Street». Einen grossen Teil ihrer Rückschau widmet sie den Umständen ihres Sturzes, hinter dem sie heute einen Coup, eine schnöde Absprache ihrer Minister, vermutet. Die von der Queen geadelte Tochter eines Gemüsehändlers sieht sich noch immer als Chefarchitektin eines erfolgreichen Gesellschaftsmodells, das Europa eigentlich als leuchtendes Beispiel dienen müsste. Fehler in ihrer elfeinhalbjährigen Amtszeit, Irrtümer, Versäumnisse? Nein, die Baronin bedauert nichts. Am besten kommt in ihren Memoiren der ehemalige US-Präsident Ronald Reagan weg, dessen «Wärme, Charme und vollkommenem Mangel an Affektiertheit» auch die kühle Britin nicht widerstehen konnte. Weniger gut kommt der als «provinziell» eingestufte deutsche Kanzler Helmut Kohl weg. Sie habe versucht, die eilige deutsche Wiedervereinigung zu verhindern, sei aber von den Franzosen, Amerikanern und Russen im Stich gelassen worden.

Action im weltpolitischen Hühnerhof.

«Keine Touristen- und keine Handelsschiffe in Sicht.»

Hochalpines Schweizer Preisniveau

Die Schweiz bleibt ein Hochpreisland «par excellence»: Das mittlere Preisniveau liegt um 40 Prozent über dem Durchschnitt der in der OECD vertretenen Industriestaaten.

In der zusammen mit dem Bundesamt für Statistik erarbeiteten Studie der OECD, die sich wie ein Wegweiser für die Deregulierung liest, weist die Schweiz nach Finnland (+47 Prozent) das zweithöchste Preisniveau auf. In ähnlicher Höhe bewegen sich nur die skandinavischen Länder Schweden (+39 Prozent), Norwegen (+37 Prozent) und Dänemark (+34 Prozent), während Deutschland (+14 Prozent) und Japan (+19 Prozent) recht gut dastehen und die USA gar 12 Prozent unter dem OECD-Level liegen. In der Schweiz sind z.B. die Baupreise 34 Prozent höher, Fleisch und Fleischwaren kosten doppelt so viel, alkoholische Getränke sind 54 Prozent teurer. Ebenfalls happige 54 Prozent mehr sind für die Leistungen der Hotellerie und der Gastronomie zu berappen.

Härtere Praxis gegen Ausländer

Nicht nur straffällige und des Drogenhandels verdächtigte Asylbewerber sollen in Vorbereitungshaft gesteckt und mit einem Aufenthaltsverbot für bestimmte Gebiete belegt werden können. Der Bundesrat will die neuen Zwangsmassnahmen auch gegen Ausländer ohne Aufenthaltsbewilligung anwenden.

Justizminister Arnold Koller hat auf die heftige politische Diskussion um kriminelle Asylsuchende reagiert: Der Bundesrat hat den Entwurf für Gesetzesänderungen, die eine generelle Verschärfung des Asyl- und Ausländerrechts bedeuten, in die Vernehmlassung geschickt. Straffällige Asylbewerber sollen während dreier Monate in Vorbereitungshaft und anschliessend in eine Ausschaffungshaft von sechs Monaten, die bei Bedarf um weitere sechs Monate verlängert werden kann, gesteckt werden. Auch illegal in der Schweiz weilende Ausländer sollen auf diese Weise erfasst werden können.

«Du nicht gerechnet mit soviel Schweizer Gastfreundlichkeit?»

«Viel besser als die Story von der Konkurrenz! Ich hab' die sensationellen Hitler-Tagebücher gefunden.»

Roche bläst zum Gegenangriff

Basler Chemie-Multi belastet WDR-Fernsehteam

Mit einer 130seitigen Dokumentation weist der Basler Chemiekonzern Hoffmann-La Roche die in einer Fernsehreportage des WDR erhobenen «ungeheuerlichen» Beschuldigungen im Zusammenhang mit der Dioxin-Katastrophe von 1976 in Seveso Punkt um Punkt entschieden zurück. Roche beschuldigt das TV-Team, wichtige Informationen bewusst unterschlagen oder falsch dargestellt zu haben.

17 Jahre nach der Chemiekatastrophe von Seveso hatte eine Sendung des Westdeutschen Rundfunks (WDR) gegen den Basler Chemiekonzern schwere Vorwürfe erhoben, die sich zum Teil auf Aussagen des grünen belgischen Europaratsabgeordneten Paul Staes stützten: Roche habe in der Icmesa, einer italienischen Tochterfirma der zu Roche gehörenden Givaudan-Gruppe, heimlich Herbizide für militärische Zwecke produziert und nach dem Unfall ein gigantisches Täuschungsmanöver inszeniert, um dies zu vertuschen. Vor allem seien die 41 Fässer mit dem dioxinhaltigen Abfall aus dem Unfallreaktor nicht nach Basel verbracht und dort verbrannt worden, sondern lagerten noch immer auf der Sondermülldeponie Schönberg in der ehemaligen DDR. Dort wurden sie allerdings auch nach der «Enthüllung» des WDR nicht gefunden, obwohl ein Zeuge angeblich den genauen Standort gekannt haben soll. Erklärbar ist eine journalistische Fehlleistung dieser Grössenordnung nur vor dem Hintergrund des in Deutschland entbrannten Kampfs um TV-Einschaltquoten zwischen den aggressiven Privatsendern und der öffentlich-rechtlichen ARD.

Dreifuss: Keine Steuer, nur Prävention

Wirbel um BAG-Fehlinformation

«Wir bitten Sie um ein bisschen Geduld – die Referentin ist etwas unpässlich.»

Als die Vizedirektorin des Bundesamtes für Gesundheit (BAG), die frühere Nationalrätin und SP-Vizepräsidentin Ursula Ulrich, in der DRS-Fernsehsendung «10 vor 10» den Eindruck vermittelte, das BAG beabsichtige, Bier, Wein und Tabak im Interesse der Volksgesundheit durch eine Steuer zu verteuern, löste sie damit einen politischen Wirbel aus. Vertreter der Tabakindustrie und des Weinhandels qualifizierten die Ankündigung sofort scharf als «Blödsinn» ab, und die zuständige Bundesrätin Ruth Dreifuss dementierte persönlich solche Absichten. Mit der Aussage, sie habe dem BAG nie den Auftrag gegeben, Unterlagen für eine derartige Steuer zu erstellen, sondern es lediglich angewiesen, eine Informationskampagne über die Folgen des Missbrauchs von Alkohol und Tabak vorzubereiten, liess die EDI-Chefin ihre Parteifreundin im Regen stehen.

Checklisten fürs Liebesspiel

Sex-Verhaltenskodex an US-Universitäten

An der Antioch-Universität in Yellow Springs (Ohio) sind Workshops über die Liebe obligatorisch. Die Erstsemester müssen im Kurs «Das Einverständnis in der Sexualität» lernen, wie ein neun Seiten umfassender Verhaltenskodex zu verstehen und vor allem anzuwenden ist. Kern der Sex-Vorschriften ist der Grundsatz «Ein Ja genügt nicht». Will heissen: Die Zustimmung zu sexuellen Handlungen ist für jede einzelne Phase des Liebesspiels neu einzuholen. Mit diesem Kodex regelt die kleine Universität das Liebesleben der 700 Studentinnen und Studenten auf dem Campus. Andere Hochschulen gehen etwas weniger weit, doch verbietet z.B. die Universität von Virginia in Richmond schlichtweg sexuelle Beziehungen zwischen Lehrenden und Lernenden. Interessant ist, dass knapp 30 Jahre nach dem Beginn einer Liberalisierung der westlichen Gesellschaft durch die 68er-Bewegung die neuen, restriktiven Vorschriften nicht von einer «repressiven» Uni-Leitung kommen, sondern von den Studierenden selbst ausgegangen sind. Den ernsten, kriminologischen Hintergrund des universitär geregelten Sex-Verhaltens bilden alarmierende Zahlen über Vergewaltigung und versuchte Vergewaltigung an den amerikanischen Hochschulen: Jede vierte Studentin ist Opfer einer Vergewaltigung oder eines derartigen Versuchs geworden.

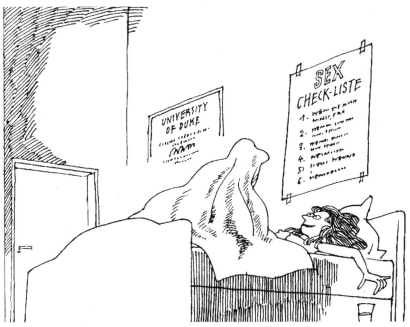

«Ich muss Dir etwas gestehen, Angela: Ich kann nicht lesen.»

Untergetauchter Rothschild-Direktor bleibt verschwunden

«Dass bei dem Angebot etwas stinkt, habe ich gerochen, doch so haben wir wenigstens den Besitzer»

Als erster Schweizer Bankdirektor hatte sich der frühere Direktor der noblen Zürcher Rothschild-Bank, Jürg Heer, nach seiner zeitweiligen Verhaftung selbst geoutet: «Ich war Teil eines kriminellen Systems». Und er gestand, als Rothschild-Kreditchef für faule Kredite in Höhe von 220 Millionen Franken Schmiergelder von 30 Millionen erhalten zu haben. Ein Jahr nach seinen abenteuerlichen Enthüllungen, die durch die in Italien aufgedeckten Korruptionsskandale immer glaubwürdiger wurden, ist der abgetauchte Sammler von wertvollen Gemälden und Oldtimern noch immer spurlos verschwunden. Der für den Fall zuständige Zürcher Bezirksanwalt hat die Hoffnung noch nicht aufgegeben, über die bei Nacht und Nebel aus den Heer-Villen in Zürich und Klosters abtransportierten Kunstgegenstände an den Untergetauchten heranzukommen. Viele andere hoffen, dass Heer verschwunden bleibt...

Ein Bundespräsident für vier Jahre?

Neuer Vorschlag in der Diskussion um die Regierungsreform

Die Diskussion um die dringend notwendige Regierungsreform förderte bislang keine berauschenden Vorschläge zutage. Revolutionär war es jedenfalls nicht, was der Bundesrat als Reform in eigener Sache präsentierte: Zwei Dutzend Staatssekretäre statt der bisherigen drei, aber keine Erweiterung der Landesregierung auf neun oder gar elf Mitglieder. Trotzdem: «Reformen sind angesagt», wie der ehemalige CVP-Generalsekretär Iwan Rickenbacher schrieb, «weil dem Autoritäts- und Kohäsionsverlust des Bundesrates, der Substanzeinbusse des Parlaments Einhalt geboten werden muss...» Und es ist wohl kaum ein Zufall, dass ausgerechnet in der ersten Amtszeit Adolf Ogis als Bundespräsident für die Idee eines «starken» Bundespräsidenten Stimmung gemacht wird, der vier Jahre regieren würde und vielleicht sogar vom Volk direkt gewählt werden könnte.

«Und nun schildern Sie mir Ihre vernünftigen Gründe, warum Sie bei einer Regierungsreform gegen die Aufteilung Ihres Departements in zwei oder gar drei Ministerien sind, Herr Bundespräsident!»

NICO-ANZEIGER

«Am meisten Angst machen mir unsere Schutzengel.»

Mehr Polizei und härtere Strafen

Nach der SVP und der FDP hat auch die dritte bürgerliche Bundesratspartei angekündigt, sie wolle sich vermehrt für die Bekämpfung von Gewalt und Verbrechen einsetzen: Einstimmig hiess die Delegiertenversammlung der CVP in Zürich ein entsprechendes Thesenpapier zur inneren Sicherheit gut.

Die Forderungen der drei Parteien decken sich über weite Strecken. Viele der geforderten Massnahmen, wie jene gegen das organisierte Verbrechen, werden im Eidg. Justizdepartement schon vorbereitet. CVP, SVP und FDP versichern, es gehe ihnen nicht um einen «billigen Wahlschlager». Aber die Angst der Bevölkerung müsse ernstgenommen werden.

«Wie sollen wir löschen können, wenn sie die WC's schliessen? Scheiss-Logik.»

S-Bahn mit verriegelten Toiletten

SBB reagieren mit Sofortmassnahme auf Brandserie

Die SBB haben eine erste Konsequenz aus der Brandserie in Zügen der Zürcher S-Bahn gezogen: Die Toiletten in den Doppelstockzügen bleiben ab sofort geschlossen.

Sieben Brände in zehn Monaten haben die SBB zu ihrer einschneidenden Massnahme veranlasst. Nur zweimal führten technische Defekte zum Brandausbruch; in den übrigen Fällen muss das Feuer von Passagieren entweder vorsätzlich gelegt oder fahrlässig verursacht worden sein. Dreimal lag der Brandherd in der Toilette eines Doppelstockwagens. Ein SBB-Sprecher betonte, die WC-Schliessung sei nicht leichten Herzens angeordnet worden, dies um so weniger, als auch viele WC-Anlagen auf Bahnhöfen wegen der Drogenszene oder Vandalenakten ebenfalls geschlossen seien.

Neuer Knatsch bei Mövenpick

Der Gastronomiekonzern Mövenpick kommt auch nach dem Ausscheiden seines Gründers Ueli Prager nicht zur Ruhe. Nur ein halbes Jahr nach dem letzten grossen Eclat an der Spitze des Unternehmens wird erneut ein Topmanager an die Luft gesetzt. Mit dem Rauswurf des stellvertretenden Direktionspräsidenten Walter Bischofberger dürfte der vor sechs Monaten an die Mövenpick-Spitze geholte Ulrich Geissmann seine Machtposition verstärken.

«Es wird langsam etwas unappetitlich.»

Bischofberger war vor Jahresfrist von Verwaltungsratspräsident Beat Kaufmann zu Mövenpick geholt worden und leitete als Generaldirektor den Bereich Konzernstäbe. Sein Austritt «im gegenseitigen Einvernehmen» dürfte für Kaufmann einen harten Schlag bedeuten, der zu ernsthaften Spannungen mit dem VR-Delegierten Geissmann geführt haben soll. Gerüchte über einen Machtkampf werden vom Gesamtverwaltungsrat allerdings als «Polemik» abgetan. Ebenso dementiert wird das in Insiderkreisen verbreitete Gerücht, die von Intrigen geschüttelte Restaurant- und Hotelkette mit 14'000 Mitarbeiterinnen und Mitarbeitern und einem Jahresumsatz von mehr als einer Milliarde Franken, die 1991 vom deutschen Milliardär Baron August von Finck erworben wurde, stehe erneut zum Verkauf.

Wien sieht in der Neutralität kein Hindernis

Österreich auf dem Weg in die EU

Die österreichische Regierung will an der Neutralität festhalten, bis ein besseres Sicherheitssystem existiert. Diese Haltung erlaubt dem östlichen Nachbarn der Schweiz dennoch eine aktive und solidarische Mitwirkung an der gemeinsamen Aussen- und Sicherheitspolitik der Europäischen Union (EU). Auf diese Sprachregelung haben sich die Koalitionspartner der Wiener Regierung (Sozialisten und Volkspartei) geeinigt, nachdem es über lange Zeit unterschiedliche Meinungen in dieser Frage gab, die auch in der Schweiz sehr kontrovers ausgelegt wird. Im Klartext: Die Neutralität ist für Österreich kein Hinderungsgrund, die Verträge von Maastricht vorbehaltlos zu unterzeichnen.

«Mach's wie wir: Sobald uns die Fahrtrichtung nicht mehr passt, steigen wir aufs Trottinett um.»

«Ist das schon alles gewesen?»

Schweri hat Waro am Wickel

Scheidung bei Usego-Trimerco

Die 1990 unter dem Dach der Usego-Trimerco-Holding (UTH) eingegangene Verbindung zwischen dem Lebensmittelhandels- und Medienunternehmer Beat Curti und Denner-Chef Karl Schweri war von kurzer Dauer: Schweri zieht sich aus der UTH zurück, allerdings nicht ohne stolze Beute, – für 130 Millionen Franken nimmt er die Waro-Kette mit.

Als Curti und Schweri überraschend das Kriegsbeil begruben, schien die dritte Kraft im Schweizer Detailhandel hinter Migros und Coop geboren zu sein. Mit der Trennung wird die Ertragsperle Waro aus der Usego-Gruppe herausgelöst und dem Schweri-Imperium einverleibt. Damit hat der Denner-Boss sein seit Beginn der achtziger Jahre hartnäckig verfolgtes Ziel endlich erreicht.

Schuss vor den Bug der Waffenlobby

Neues Gesetz erschwert den Waffenkauf

Nach jahrelangem Hin und Her hat der amerikanische Kongress einem verschärften Waffengesetz zugestimmt, das eine landesweite Wartefrist von fünf Tagen beim Kauf von Schusswaffen vorsieht. Diese Frist ermöglicht eine Überprüfung des Käufers vor der Aushändigung der Waffe. Noch existiert allerdings kein landesweites Computersystem, in welchem die Besitzer von mittlerweile 200 Millionen Schusswaffen registriert sind.

Die finanzstarke Lobby der Waffenhersteller hat bisher alle Anläufe für strengere Vorschriften erfolgreich unterlaufen. Sie hat auch das neue Brady-Gesetz bekämpft, das nach dem Pressesprecher Ronald Reagans genannt wird, der beim Attentat auf den Präsidenten 1981 schwer verletzt worden war. Halbseitig gelähmt, hat er seither die Verschärfung der Waffengesetze zu seiner Sache gemacht. Die Gegner bezeichnen die Wartefrist als «Entwaffnung des ehrlichen Bürgers», derweil sich Kriminelle auf dem Schwarzmarkt eindecken könnten, wo es keine Wartefrist gibt.

Eine Nation hat die Freiheit, sich selbst zu eliminieren.

«Wenn Du etwas Anständiges lernen willst und ein sauberer Mensch bleiben möchtest, dann müssen wir sofort von Zürich wegziehen, mein Sohn.»

Die Schweiz als Geld-Drehscheibe für das organisierte Verbrechen

Die Schweiz ist in erster Linie Drehscheibe für das vom organisierten Verbrechen erzeugte schmutzige Geld. Dies behauptet eine im Auftrag des Bundesamtes für Justiz erstellte Studie über «die Bedeutung des organisierten Verbrechens in der Schweiz». Sie wurde betreut von Professor Mark Pieth, einem Spezialisten für den Kampf gegen die Geldwäscherei. Im Dokument wird erklärt, mafiose Organisationen spielten eine geringe Rolle in der Schweiz.

Das grosse Problem sei die Bedeutung des Finanzplatzes für das Verschieben und Plazieren von schmutzigem Geld. Von Schweizer Banken werden erhebliche Mengen von Fluchtgeldern verwaltet. Dies zieht die Geldwäscher an, weil sich an ausländischen Steuerbehörden vorbeigeschmuggelte Gelder kaum von Geldern verbrecherischer Herkunft unterscheiden lassen.

«Sicher kommt wieder so ein hirnrissiger Soziologe mit dem Vorwurf, schuld seien das menschenverachtende kapitalistische System, die korrupten Politiker, die Arbeitslosigkeit, die Armut und die Brutalität des Fernsehens.»

Die alltägliche Jugendgewalt

Unsere Gesellschaft ist aufgeschreckt durch eine neue Qualität jugendlicher Aggressivität: Härter, brutaler, emotionsloser begehen Jugendliche Gewaltsdelikte. Die Altersgrenze der Gewalttäter sinkt ständig; bereits Kinder im Primarschulalter üben massiv Gewalt aus. Nach einer Untersuchung der Jugendkommission des Bezirks Horgen ist fast jeder vierte junge Mann schon mit dem Messer bedroht worden, jedem fünften ist mindestens einmal das Taschengeld geraubt worden, ein Drittel der Mädchen und Burschen fühlt sich auf dem Schulweg bedroht. Rund 40 Prozent der Gewalterlebnisse hatten die Befragten (13- bis 18jährige) auf dem Pausenplatz. Gesellschaftskritiker machen Brutalo-Videos und Horror-Filme für die zunehmende Gewalt mitverantwortlich, weil sie ein verzerrtes Realitätsbild vermitteln. Die grauenvollen Bilder aus dem Bürgerkrieg in Ruanda und seinen Flüchtlingslagern sind allerdings weit realistischer als alle «Kunstprodukte».

Die Schweiz im Fussball-Fieber

Erstmals wieder in der WM-Endrunde in den USA

Die Schweiz im Freudentaumel: Erstmals seit 1966 hat die Schweizer Fussball-Nationalmannschaft unter ihrem britischen Trainer Roy Hodgson die Qualifikation für die Weltmeisterschaftsrunde geschafft. Sie wird in den USA am Millionenspiel teilnehmen, während andere, bisher weit höher kotierte Mannschaften wie Lehrmeister England, Europameister Dänemark und Frankreich zu Hause bleiben müssen.

Die Begeisterung stieg in der Qualifikationsrunde, welche die Schweiz mit Italien, Schottland, Portugal und Estland zusammenführte, von Spiel zu Spiel. Entscheidend waren die drei von vier möglichen Punkten, welche die Eidgenossen dem dreifachen Weltmeister Italien abknöpften. Italiens Nationaltrainer Arrigo Sacchi: «Man muss anerkennen, dass die Schweiz besser war und ihre Punkte verdient hat.» Entscheidend war aber auch, dass Hodgson nur wenige Änderungen im Kader vornahm und im Prinzip immer wieder den gleichen Spielern sein Vertrauen schenkte, vor allem den Bundesliga-Söldnern Stéphane Chapuisat, Ciriaco Sforza, Alain Sutter und Adrian Knup sowie dem «Oldtimer» Georges Bregy. Als dann das letzte Spiel gegen Estland mit 4:0 Toren gewonnen wurde, brach nicht nur im ausverkauften Zürcher Hardturm-Stadion, sondern im ganzen Land ein Begeisterungstaumel aus.

«Durch schlechtere Ernährung werden die Piloten leichter, und die Flugzeuge brauchen weniger Most. Fallschirme werden ganz abgeschafft, da wir uns Abstürze gar nicht mehr leisten können.»

Bund soll bei den Löhnen sparen

Das Bundesdefizit soll 1994 unter der 7-Milliarden-Grenze bleiben. Um dieses Ziel zu erreichen, beantragt die nationalrätliche Finanzkommission unter ihrem Präsidenten Jean-Pierre Bonny (FDP) zusätzliche Einsparungen von 103 Millionen Franken, die nur den Anfang der Sanierung der Bundesfinanzen bilden sollen. Der Bundesrat wird beauftragt, mit einem realen Lohnabbau 99 Millionen einzusparen.

Die Finanzkommission hat beschlossen, den reduzierten Ausgleich der Teuerung für das Bundespersonal in einem maximal zwei Jahre gültigen Dringlichen Bundesbeschluss sofort anwendbar zu machen. In der Bundesverwaltung sollen mindestens 150 Stellen abgebaut werden.

Wieder Wirbel um Geheimdienstchef

Divisionär Regli an Uranfund beteiligt

Der Chef des Nachrichtendienstes im EMD, Divisionär Peter Regli, macht ein halbes Jahr nach der Südafrika-Affäre wieder von sich reden. Nachdem aufgrund eines Anrufs bei der Zürcher Kantonspolizei auf dem Autobahn-Rastplatz Kemptthal zehn Kilogramm Natururan aus dem ehemaligen Ostblock gefunden worden waren, nahm die mysteriöse Geschichte eine überraschende Wende: Der mit dem angeblich anonymen Anrufer identische Uranbesitzer, der den «Yellow Cake» von der russischen Mafia übernommen haben will, ist ein alter Bekannter des Unterstabschefs aus gemeinsamen Militärdiensttagen bei der Flugwaffe und war von diesem beim Urangeschäft beraten worden. Der auch als Waffenhändler tätige Geschäftsmann ist Zuträger des militärischen Nachrichtendienstes und hat bei der Befreiung der beiden im Libanon entführten IKRK-Geiseln eine gewisse Rolle gespielt.

Bundesrat Kaspar Villiger hat gegen seinen Geheimdienstchef, der einmal mehr in einer dubiosen Affäre im Rampenlicht steht, eine Untersuchung angeordnet. Erst vor wenigen Monaten war bekanntgeworden, dass Regli ohne Wissen der Landesregierung einen Pilotenaustausch mit Südafrika organisiert hatte. Das EMD stellte ihm einen Persilschein aus, weil er nur auf Befehl seiner damaligen Vorgesetzten gehandelt habe.

«Ich warte nur noch auf den Befehl von oben zur Entsorgung der Fässer.»

«Ich bitte um einen Applaus für unsere Gäste, ohne die unser Institut nicht wäre, was es heute ist.»

Vor der UNO statt vor Kriegsverbrecher-Gericht

Einen Tag nach der Vereidigung der elf Richterinnen und Richter des Internationalen Tribunals für Kriegsverbrechen in Ex-Jugoslawien waren die Hauptschuldigen der Massaker, der «ethnischen Säuberungen» und Verwüstungen in Bosnien-Herzegowina in einem Saal versammelt: Serbenführer Radovan Karadzic und sein General Ratko Mladic, der Chef des Kroatischen Verteidigungsrates, Mate Boban, und der muslimische Ministerpräsident Haris Silajdzic. Die Szene spielte sich allerdings nicht in der Anklagekammer des Haager Kriegsverbrecher-Tribunals ab, sondern am Genfer Uno-Sitz, und die Herren wurden auch nicht in Handschellen hereingeführt, denn sie geniessen diplomatische Immunität. Die Vereinten Nationen baten sie um die Gefälligkeit, humanitäre Hilfskonvois durch die Frontlinien zu lassen, damit 1,5 Millionen Menschen den bevorstehenden Winter überleben konnten. Die vom IKRK-Präsidenten Cornelio Sommaruga assistierte Uno-Hochkommissarin für Flüchtlinge, die Japanerin Sadako Ogata, hämmerte den politischen und militärischen Führern der drei Konfliktparteien ein: «Ich verlange keine neuen Versprechen, sondern Taten. Wenn Sie entscheiden, die Kämpfe fortzusetzen, die Hilfsaktionen weiter zu blockieren und auf die Helfer zu schiessen, dann können alle Bemühungen der humanitären Organisationen die Katastrophe nicht abwenden. Ich wiederhole: Sie tragen die gesamte Verantwortung!»

«Der Blocher ist viel netter, als er sich gibt. Und internieren wäre doch zu hart für ihn.»

Keine Freude herrscht über das Messerstecher-Inserat der SVP

Blocher: «Ich entschuldige mich sicher nicht bei den Linken und Netten»

In der Affäre um ihr Messerstecher-Inserat kommt die Zürcher SVP-Spitze unter Druck: Ein scharfer Brief von Bundesrat Otto Stich an Parteipräsident Christoph Blocher und zahlreiche Proteste auch aus den eigenen Reihen haben der Kritik an der umstrittenen Inseratekampagne der SVP, welche «die Linken und Netten» für die Ausbreitung der Kriminalität verantwortlich macht, landesweite Publizität verschafft.

«Mit seinen Inseraten ist er zum Sicherheitsrisiko geworden.»

An einer Pressekonferenz räumte Blocher ein, es sei ein «Fehler in der Lagebeurteilung» gewesen, dass das umstrittene Messerstecher-Inserat nach dem aufsehenerregenden Mord in Zollikerberg erschienen sei, weil es «fälschlicherweise» mit dem Verbrechen an der jungen Pfadiführerin durch einen Triebtäter im Hafturlaub in Verbindung gebracht worden sei. Blocher verzichtete aber ausdrücklich auf die von Stich für seine Teilnahme an der Albisgüetli-Tagung der SVP zur Bedingung gemachte öffentliche Entschuldigung: «Ich entschuldige mich sicher nicht bei den Linken und Netten». Das umstrittene Inserat werde nicht mehr erscheinen, aber die Kampagne mit der Angst werde fortgesetzt, weil belegbar sei, dass die steigende Kriminalität ein Ausdruck der falschen Politik der Linksparteien sei.

Der kapitale Kuss.

Grossaufgebot der Polizei räumt Wohlgroth-Areal

Besetzer lehnten Umzug nach Oerlikon ab

Ein Grossaufgebot der Zürcher Stadtpolizei hat das Wohlgroth-Areal beim Zürcher Hauptbahnhof überfallartig geräumt, nachdem das Angebot des Oerlikon-Bührle-Konzerns, den Besetzern ein leerstehendes Fabrikareal in Oerlikon zur Verfügung zu stellen, von den Aktivisten nicht angenommen worden war. Damit ging ein vielschichtiges, umstrittenes, illegales Experiment nach zweieinhalb Jahren mit der erwarteten Reaktion des Rechtsstaates zu Ende, der die Missachtung elementarer Spielregeln der Gesellschaft auf Dauer nicht dulden kann.

In einer Diskussionssendung des Schweizer Fernsehens hatte Oerlikon-Bührle-Konzernchef Hans Widmer, unterstützt von Stadträtin Ursula Koch, den vermummten Sprechern der Wohlgroth-Besetzerinnen und -Besetzer den Umzug nach Oerlikon schmackhaft zu machen versucht und wohlwollende Wertungen ihres Kulturschaffens abgegeben, was die Maskierten nicht hinderte, jede Diskussion zu verweigern und mit ihren Sympathisanten im Gefolge demonstrativ das Studio zu verlassen. Ein weiterer Versuch, Besitzer und Besetzer an einen Tisch zu bringen, verlief ebenso ergebnislos wie Widmers Entspannungsversuch.

«Und zum Schluss noch ein bisher unidentifiziertes Objekt aus Richtung Nordwest.»

Bruchlandung für das «Alcazar»-Fusionsprojekt

Kooperation der vier Fluggesellschaften an der Frage des amerikanischen Partners gescheitert

Das bereits weitgediehene Projekt einer Kooperation zwischen der schweizerischen Fluggesellschaft Swissair, der holländischen KLM, der skandinavischen SAS und der österreichischen AUA, das unter dem Codewort «Alcazar» die Oeffentlichkeit in sechs europäischen Ländern in Atem hielt, ist schliesslich an der Frage des amerikanischen Partners gescheitert. Während Schweizer, Skandinavier und Österreicher Delta Air Lines favorisierten, hielten die Holländer an der hochverschuldeten Northwest Airlines fest, mit der sie durch eine Beteiligung von 20 Prozent verbunden sind.

«Wir sind überzeugt, dass Alcazar die beste aller möglichen Lösungen ist.» Mit diesen Worten hatte Swissair-Direktionspräsident Otto Loepfe das Fusionsprojekt noch zwei Wochen vor der Bruchlandung verteidigt. Bereits hatte man sich über alle anderen strittigen Punkte wie die lange umstrittene Bewertung der vier Gesellschaften, die Frage des zukünftigen Hauptsitzes und des Alcazar-Präsidenten geeinigt. Die Frage, mit wem die vier fusionswilligen europäischen Gesellschaften in den USA zusammenarbeiten sollten, wurde zur ultimativen und damit entscheidenden Hürde im langen Verhandlungspoker. KLM-Chef Pieter Bouw lenkte nicht ein und liess «Alcazar» platzen.

Ab-Bruchlandung

«Erinnert Ihr Euch noch an die Vor-Sparzeit, als wir uns noch Fallschirme leisten konnten?»

Steffen tritt einen Schritt zurück.

Heitmann verzichtet: Schwere Niederlage für Kohl

Deutsches Präsidial-Karussell in wilder Fahrt

Der Kandidat der CDU/CSU für das Amt des deutschen Bundespräsidenten, der sächsische Justizminister Steffen Heitmann, gibt auf. Er begründete in Dresden seinen Rückzug mit der mangelnden Akzeptanz bei der Bevölkerung in Ost und West sowie mit der gegen ihn geführten Medienkampagne. Heitmanns Absage ist eine schwere Niederlage für Kanzler Helmut Kohl, der den von ihm favorisierten Ostkandidaten den Unionsparteien gegen alle Widerstände aufgezwungen hat.

Heitmanns Verzicht auf die Nachfolge des abtretenden Richard von Weizsäcker öffnet den Weg für die Kandidatur des Präsidenten des Bundesverfassungsgerichts in Karlsruhe, Roman Herzog, der als Innenminister von Baden Württemberg politisch in Erscheinung getreten war. Da die SPD den nordrhein-westfälischen Ministerpräsidenten Johannes Rau auf den Schild erhoben hat und die FDP an ihrer grossen alten Dame Hildegard Hamm-Brücher festhält, kommt es zu einer Kampfwahl, in welcher der vom Bündnis 90/Die Grünen portierte DDR-Bürgerrechtler Jens Reich die kleinste Chance hat.

Ein erfreulicher Messerstich.

Steuer-Sonderfall Schweiz geht zu Ende

Nur das Wallis liess sich nicht zur Mehrwertsteuer bekehren

Wie in allen anderen westeuropäischen Ländern werden die Konsumentinnen und Konsumenten nun auch in der Schweiz Mehrwertsteuer zahlen müssen, wenn sie Waren kaufen und Dienstleistungen beanspruchen. Im vierten Anlauf hat der Souverän der Mehrwertsteuer mit einem Ja-Anteil von 66,7 Prozent überraschend deutlich zugestimmt und sich mit 57,8 Prozent zugleich für den höheren Satz von 6,5 Prozent ausgesprochen.

Angesichts der desolaten Bundesfinanzlage haben sich mit Ausnahme des Wallis alle Stände für den Systemwechsel gewinnen lassen. Ein persönlicher Erfolg für Finanzminister Otto Stich, der sich nach einem anfänglichen Zögern im Abstimmungskampf voll für den höheren Steuersatz engagierte und nach gewonnener Schlacht in Siegerlaune feststellen konnte: «Die 6,5 Prozent sind wegen mir angenommen worden und sonst wegen niemandem.»

«Im Zuge der Sanierung unserer Arbeitslosenkasse müssen wir leider 20 Prozent der Arbeitslosenstellen abbauen.»

Arbeiten um fast jeden Preis

Bundesrat will Arbeitslosenversicherung revidieren

Für die Arbeitslosen brechen härtere Zeiten an: Um die in arge Schieflage geratene Arbeitslosenversicherung (ALV) zu sanieren, schlägt der Bundesrat dem Parlament eine Reihe von Massnahmen vor.

Über Kürzungen bei den Taggeldern und einen verstärkten Druck auf die Erwerbslosen, die nach Ablauf von vier Monaten praktisch jede Arbeit annehmen müssen, soll der Sturzflug in Milliardendefizite auch um den Preis sozialer Rückschritte aufgefangen werden. Die Taggelder sollen nach 125 Tagen um fünf und nach 250 Tagen um weitere fünf Prozent gekürzt werden. «Es ist besser, Arbeit zu haben, als passiv Zahlungen entgegenzunehmen», kommentierte Jean-Luc Nordmann, Direktor des Bundesamtes für Industrie, Gewerbe und Arbeit (Biga), die restriktiven Neuerungen, die mehr Arbeitslose in den Erwerbsprozess zurückschleusen sollen.

Italienerinnen, Italiener - an die Urnen !

Italien ohne politische Mitte

Debakel für traditionelle Parteien bei Gemeindewahlen

Es war die Stunde der Abrechnung mit Parteibonzen, die seit Jahrzehnten alle Energie in das Gerangel um Macht und Pfründen investiert hatten, und mit untüchtigen, bis auf die Knochen korrupten Politikern: Bei den Wahlen in mehr als 400 italienischen Gemeinden, darunter sechs Regionalhauptstädten, erlitt die seit bald 50 Jahren führende Democrazia Cristiana (DC) gewaltige Stimmenverluste, nicht nur in Norditalien und im Zentrum, sondern auch in ihren Hochburgen im Mezzogiorno. Noch schlimmer erging es den langjährigen Verbündeten der DC, den ebenfalls in unzählige Schmiergeldskandale und andere Affären verwickelten Sozialisten (PSI), die praktisch von der politischen Bühne verschwanden.

Nutzniesser dieses Zusammenbruchs der politischen Mitte sind einerseits die Linksdemokraten (Ex-Kommunisten) und andererseits die Neofaschisten und die föderalistische Lega Nord. Mit ihrem Aufstand an der Urne haben Italiens Wählerinnen und Wähler unmissverständlich signalisiert, dass sie einen radikalen Bruch mit dem alten System und eine grundlegende Veränderung der politischen Landschaft wünschen.

Wohin mit der alten Munition der Armee?

Mit der Armeereform unternimmt die Schweizer Armee einen ersten Schritt in Richtung Abrüstung. Nicht nur die Truppenbestände werden abgebaut, auch alte Waffensysteme werden verschrottet und die Munitionsvorräte markant verkleinert. Ab 1997 muss gegenüber heute die vierfache Menge Altmunition entsorgt werden. Darum will das EMD in Wimmis auf dem Areal der Pulverfabrik einen speziellen Panzerofen bauen, in welchem jährlich Hunderte von Tonnen Altmunition kontrolliert vernichtet werden können.

Noch wird die Altmunition nicht verbrannt, sondern gesprengt. Spezialisten besorgen dies auf dem einzigen entsprechenden Sprengplatz der Schweiz, beim Steingletscher auf der Berner Seite des Sustenpasses, wo 1992 bei einem schweren Unfall in der Lagerkaverne sechs Menschen getötet worden sind. Bis die Anlage in Wimmis in Betrieb genommen werden kann, muss die Altmunition am Susten unter freiem Himmel gesprengt werden.

«Kamerad Villiger! Hast Du meinen Trompetenstoss nicht gehört?»

NICO-ANZEIGER

150prozentig positiv denken

Adolf Ogis erfolgreiches Jahr als Bundespräsident

Als Bundespräsident 1993 war Adolf Ogi ein Jahr lang in seinem Element: Der frühere Skiverbandsdirektor und Sportartikelmanager, der sein Departement unter der Devise «150prozentig positiv denken» wie ein vorolympisches Trainingslager leitet, hat aussenpolitisch mit seinem Mix aus unverdorbener Bergler-Herzlichkeit und unverfrorener Verkäufer-Propaganda bei Präsidenten und gekrönten Häuptern in halb Europa entscheidend dazu beigetragen, dass der Schweiz aus ihrem EWR-Nein nicht allzu grosse Nachteile erwuchsen. Auch innenpolitisch konnte er als Bundespräsident seine Magie des positiven Redens erfolgreich wirken lassen: Mit sicherem Instinkt für mediengängige Sprüche kämpfte er gegen die offenbar landesübliche Krisenstimmung an. Der unermüdliche Reisende in Sachen helvetische Integration hatte eine gute Presse. Kritisch wurde lediglich gelegentlich seine für ein Mitglied der Landesregierung allzugrosse Nähe zu einem Medienkonzern angemerkt.

Mitterrand ist von Ogi begeistert: Besuch in Kandersteg

Der französische Staatspräsident François Mitterrand setzte einen spektakulären Schlusspunkt unter Adolf Ogis Präsidialjahr: Mit dem Berglersohn besuchte er dessen Heimatdorf Kandersteg. Dies dokumentiert, dass Ogi beim Präsidenten in höchster Gunst steht.

Nach zwei Besuchen Ogis im Elysée soll sich Mitterrand begeistert bis enthusiastisch über seinen Schweizer Amtskollegen geäussert haben. Aus diplomatischen Kreisen verlautet, Mitterrand sei fasziniert von der Dynamik des Mannes aus dem Berner Oberland und sehe eine grosse Zukunft an der Spitze einer internationalen Organisation für ihn. Ogi seinerseits ist tief beeindruckt, dass der 77-jährige Staatsmann ihn «wie einen Sohn» behandelt habe.

«Unter uns gesagt: Als ich ihn in Paris als meinen Skilehrer engagiert habe, da wusste ich nicht, dass er nebenbei auch noch Bundespräsident ist.»

Wenigstens Helvetia ist Otto dankbar.

FDP-Präsident prophezeit Stich eine glanzlose Wahl

Aber Strafaktionen gegen den Finanzminister blieben aus

«Eine glanzlose Wahl» zum Bundespräsidenten für 1994 hatte FDP-Präsident Franz Steinegger dem Sozialdemokraten Otto Stich prophezeit. Diese unheilverheissende Prognose am Vorabend der Wahl schien nicht ganz aus der Luft gegriffen: Schon vor einem Jahr war der im bürgerlichen Lager umstrittene Finanzminister mit dem schlechtesten Resultat seit zwanzig Jahren zum Vizepräsidenten des Bundesrates gewählt worden.

Wirtschaftsnahe Parlamentarier äusserten immer wieder ihren Unmut über den sturen Mann aus dem Schwarzbubenland, der im unbeirrbaren Bestreben, den Bundeshaushalt auszugleichen, mit seiner Steuerpolitik bei der Wirtschaft anecke. Aber Strafaktionen blieben in der Bundesversammlung aus: Stich erhielt komfortable 167 Stimmen und wurde damit zum zweitenmal nach 1988 zum Bundespräsidenten gewählt. Er darf in seinem Präsidialjahr eine solide Mehrheit des Parlaments hinter sich wissen.

Beharrlich bis stur – und populär

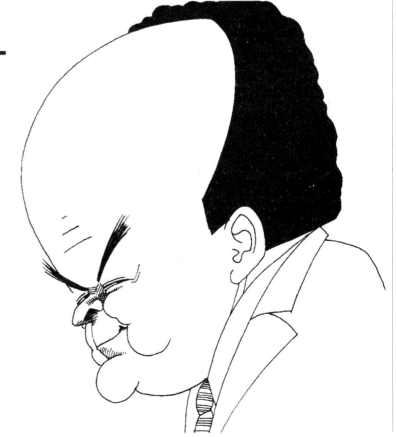

Auf den Tag genau zehn Jahre vor seiner zweiten Wahl zum Bundespräsidenten war der Solothurner Sozialdemokrat Otto Stich an der offiziellen SP-Kandidatin Lilian Uchtenhagen vorbei von den Bürgerlichen als vermeintlich pflegeleichte graue Maus in die Landesregierung gewählt worden. Damals war er der Prügelknabe – nicht nur in seiner Partei, die an einem Sonderparteitag überlegte, ob sie den Bundesrat verlassen und in die Opposition gehen wolle. Heute ist der biedere Einzelgänger laut Umfragen in der Deutschschweiz der beliebteste Bundesrat. Er verfügt in der Bevölkerung über eine ausserordentliche Vertrauensbasis. Gerade weil er nicht nur für die Bürgerlichen, sondern auch für die eigene Partei unbequem geblieben ist, gilt er, anders als einige seiner Kollegen, vielen als glaubwürdig. Seine grösste Stärke liegt in seiner Beharrlichkeit, die von politischen Gegnern gerne als Sturheit apostrophiert wird.

«Stell Dir vor, er möchte seine Ehre wiederherstellen und findet sie nirgends.»

Saftige Busse für Schönheitschirurg

Der umstrittene, zum Zürcher und St. Moritzer Jetset gehörende Schönheitschirurg Peter Meyer-Fürst ist vom Bezirksgericht Meilen wegen Körperverletzung zu einer Busse von 12'000 Franken verurteilt worden. Das Gericht befand ihn für schuldig, eine Operation gegen den Willen einer Patientin vorgenommen zu haben. Sie hatte Strafanzeige erstattet, weil er bei einer Facelifting- und Fussoperation ohne ihr Einverständnis eine Zehe gekürzt hatte.

Schon vor diesem Urteil hat Meyer-Fürst für Schlagzeilen gesorgt: Der mit den Medien, abgesehen von den Gesellschaftsreportern, auf Kriegsfuss stehende Arzt wusste zu verhindern, dass unzufriedene Patientinnen in der TV-Sendung «Kassensturz» seinen Namen nannten. Gegenüber dem Wirtschaftsmagazin «Bilanz» erwirkte er mit einer superprovisorischen Verfügung gar einen Verkaufsstopp, weil in einem Bericht seine Leistungen als Schönheitschirurg in einem unschönen Licht erschienen, eine Krankenkasse sich von ihm geprellt fühlte und Szenen-Kenner allerlei Pikantes aus seinem Privatleben zu berichten wussten.

Riesen-Pariser für Pariser Obelisk

Von einem gigantischen, rosafarbenen Kondom verhüllt präsentierte sich der Obelisk auf der Pariser Place de la Concorde zum Welt-Aids-Tag. Mit der Aktion demonstrierte die Gruppe Act-Up für ihren Kampf gegen die tödliche Immunschwächekrankheit und gegen die Tatenlosigkeit der Abgeordneten in der gegenüberliegenden Nationalversammlung. Nicht im Kampf gegen Aids, aber in der journalistischen Auswertung des Geschlechterkampfs profilierte sich in diesen Tagen die Zürcherin Marianne Weissberg mit Büchern und Artikeln einschlägigen Inhalts, die sie mit kessen Interviews und kaltschnäuzigen TV-Auftritten geschickt zu propagieren verstand.

«Vor ein paar Tagen habe ich den Bus zum ersten Mal hier gesehen, und nun kommt er täglich.»

Der FCZ in der Abstiegsrunde

Das 160. Zürcher Derby hat gravierende Konsequenzen: Das spielentscheidende Tor von Ramon Vega macht die Grasshoppers unter ihrem neuen Trainer Christian Gross zum Wintermeister und verbannt zugleich den FC Zürich in die Abstiegsrunde der Fussball-Meisterschaft 93/94.

Noch vor einem Jahr hatte GC unter Startrainer Leo Beenhakker dasselbe Schicksal erlitten wie jetzt der FCZ, und auch seinem Trainer Kurt Jara war dasselbe Los beschieden wie zuvor seinem holländischen Kollegen: Der Österreicher wurde im Letzigrund geschasst. Den Absturz in die Abstiegsrunde konnte auch der notfallmässige Zuzug des deutschen Bundesliga-Spielers Rainer Ernst («Überall, wo ich bin, ist der Erfolg!») nicht verhindern.

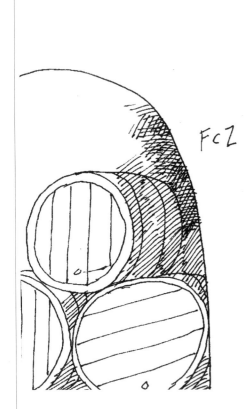

Debakel für Schweizer Abfahrerinnen

Während die Slalom-Spezialistin Vreni Schneider unverwüstlich von Erfolg zu Erfolg eilte und mit ihrem 50. Weltcup-Sieg und dem Gewinn des Gesamtweltcups die Ehre der Schweizer Ski-Nation sozusagen im Alleingang rettete, erlebte das einst so stolze Damen-Abfahrtsteam eine bittere Niederlage nach der anderen. Es musste seinem Trainer Erwin Cavegn zu denken geben, dass seine Stars nicht nur in hinteren Rängen landeten, sofern sie das Ziel erreichten, sondern von der Glarner Technikerin ausgestochen wurden, die sich auf ihrer Punktejagd wieder auf die Abfahrtspisten gewagt hatte. Und dann war auch noch Pech im Spiel: Als Heidi Zurbriggen erstmals in ihrer Karriere als Siegerin einer Weltcup-Abfahrt ausgerufen wurde, annullierte die FIS die Resultate von Altenmarkt, weil das Rennen abgebrochen worden war.

«Die Schweizer Abfahrerinnen verschwinden samt und sonders in rätselhaften Löchern auf der Piste, die sich immer erst zeigen, wenn sie starten.»

NICO-ANZEIGER

Gefängnisse wegen Überfüllung geschlossen

Der Zürcher Polizeikommandant zieht die Notbremse

Für die zwei Polizeigefängnisse in der Limmatstadt hat der Kommandant der Zürcher Kantonspolizei, Claude Baumann, erneut einen Aufnahmestopp verfügen müssen: Beide Gefängnisse sind hoffnungslos überfüllt. Unter den Polizeibeamten breitet sich Demotivation und Frustration aus. «Wir sind verurteilt, mit angezogener Handbremse zu arbeiten», gaben die Personalverbände bekannt. Glücklich über die unhaltbare Situation waren hingegen die bei Razzien festgenommenen Drogenhändler, die mangels Zellen umgehend wieder in Freiheit gesetzt werden mussten.

Die Zustände seien schon lange unhaltbar, erklärte der zuständige Regierungsrat Moritz Leuenberger. Trotzdem seien im Moment keine Notentlassungen vorgesehen. Die Schaffung zusätzlicher Haftplätze müsse energisch vorangetrieben werden. Im Vordergrund stehen der Bau eines Ausschaffungsgefängnisses auf dem Flughafenareal Kloten und die Erweiterung mehrerer Bezirksgefängnisse. Polizeikommandant Baumann warf die Idee eines Gefängnisprovisoriums auf der Zürcher Kasernenwiese in die Diskussion.

NICO-ANZEIGER

Kein Notausgang für Go-go-Girls

Nur schwache Massnahmen gegen modernen Menschenhandel

Ausländische Striptease-Tänzerinnen dürfen weiterhin nicht den Beruf wechseln, um so der Ausbeutung durch Nachtclub-Besitzer und Agenten zu entkommen.

Justizminister Arnold Koller reagierte nur zurückhaltend auf einen Vorstoss des Schwyzer CVP-Ständerats Bruno Frick, den diskriminierenden Sonderstatus für ausländische «Artistinnen» – meist aus der Dritten Welt und Osteuropa stammend – durch ein Aufenthaltsrecht zu ersetzen, das den Frauen Erwerbsmöglichkeiten ausserhalb des Animations-, Unterhaltungs- und Sexgewerbes ermöglicht. Koller will vorderhand auf bessere Information und strengere Kontrolle der Nachtlokale setzen.

«Wenn Sie wünschen, können wir den Damen noch die Hände an der Stange anketten.»

Im Durchschnitt sind wir Spitze

In der Schweiz lebt es sich, so scheint's, am besten

In welchem Land lebt es sich unter Berücksichtigung der wirtschaftlichen, sozialen, politischen und kulturellen Situation am besten? Diese Frage stellte das renommierte britische Wirtschaftsmagazin «The Economist» seinen Mitarbeiterinnen und Mitarbeitern in 22 Staaten. Ergebnis der Umfrage: Die Schweiz steht an der Spitze. Ausschlaggebend für den statistischen Spitzenwert war die Tatsache, dass die Schweiz innerhalb der Bewertung von 30 Positionen zwar nirgends an der Spitze, aber immer vorne dabei ist. Dass die befragten Journalistinnen und Journalisten persönlich gleichwohl nicht in der Schweiz leben möchten – in dieser Kategorie rangiert unser Land erst an neunter Stelle – könnte damit zusammenhängen, dass das Land, wo es sich objektiv gesehen am besten lebt, auch die höchste Selbstmordrate hat.

«Das ist ja furchtbar, Antoinette - wo hast Du nur diesen ordinären Strick her?»

Die Wiedergeburt eines Vampirs.

Russlands Nachbarstaaten unter Schock

Schirinowskis Wahlerfolg weckt alte und neue Ängste

Dass ausgerechnet der zuvor als Politclown eingestufte Ultranationalist Wladimir Schirinowski bei den russischen Parlamentswahlen mit seinen revanchistischen Parolen der eigentliche Wahlsieger ist, hat vor allem im Baltikum und in Osteuropa eine Schockwelle ausgelöst und auch in Westeuropa und in den USA für Beunruhigung gesorgt. Das Jelzintreue Bündnis «Russlands Wahl» unter Radikalreformer Jegor Gaidar konnte sich vor den Kommunisten und den mit ihnen verbündeten Agrariern den zweitgrössten Stimmenanteil sichern, bildet aber dank der Direktmandate bei der Sitzverteilung vor Schirinowskis Gefolgsleuten, die sich irreführend Liberaldemokraten nennen, die stärkste Fraktion.

Jelzin verstand die Ausmarchung als Protestwahl gegen den sinkenden Lebensstandard und rückte sofort vom harten Reformkurs ab. Ueber die irritierenden Tatsachen, dass Nationalisten und Kommunisten mehr Stimmen als die Reformkräfte erhielten und dass klare Mehrheitsverhältnisse in der neuen Staatsduma fehlen, tröstete sich der Präsident mit der Annahme der neuen Verfassung hinweg, die ihm grosse Machtbefugnisse einräumt. Nur: Was geschieht, wenn bei der nächsten Präsidentenwahl 1996 ein «Erlöser» vom Schlage Schirinowskis gewählt und mit den immensen Vollmachten ausgestattet wird?

Entsorgungsprobleme am Jahresende

Versicherungen verunsichern die Versicherten

Fast jeder Schweizer Haushalt hat eine Hausrat- und eine Privathaftpflichtversicherung. Gegenwärtig werden jeden Monat Zehntausende solcher Policen erneuert. Aber im rasch wachsenden Dickicht von Bedingungen, Ausnahmen, Ergänzungen, Extras, Rabatten und Preisen verliert der Konsument den Überblick. Sie verschleiern, dass die Jahresprämien für dieselbe Leistung um bis zu dreissig Prozent differieren.

Zudem flattern dem überforderten Versicherungsnehmer laufend Prospekte von neuen Produkten mit vielversprechenden Namen in den Briefkasten – Ausdruck des immer härteren Kampfes der Versicherer um höhere Umsätze und Marktanteile. Dazu kommen die Besuche von Vertretern, die beredt einen besseren, individuelleren und umfassenderen Versicherungsschutz anpreisen und diesen umgehend in eine neue, zumeist teurere Police verpacken wollen.

«Die Versicherungen schlagen wieder zu – und auf.»

Werber fordern: Starten statt warten

Der «Aufschwung im Kopf» soll nicht weiter Theorie bleiben

Drei Viertel aller Schweizerinnen und Schweizer glauben zwar, dass am Slogan «Der Aufschwung beginnt im Kopf» etwas dran ist. Laut einer Demoscope-Umfrage hat aber nur jeder sechste aus eigener Initiative etwas gegen die Wirtschaftskrise unternommen. Das soll sich jetzt ändern. Zu diesem Zweck hat die Werbefirma Bootz & Grolimund, welche die Aufschwungkampagne lanciert hatte, eine neue Offensive unter dem Motto «1994 - Starten statt warten» auf Plakatwänden, mit Zeitungsinseraten und Werbespots an Fernsehen und Radio gestartet.

«Vielleicht haben wir es uns doch etwas zu leicht gemacht.»

Wer mehr zahlt, steht nicht Schlange

VIP-Bevorzugung in Engelberg und Flims-Laax

Auch bei Grossandrang müssen nicht alle Skifahrerinnen und Skifahrer, die in Engelberg und Flims-Laax die Bergbahnen benützen wollen, an der Talstation lange warten: Sogenannte «very important persons», kurz VIP's genannt, können an der Schlange vorbeimarschieren und einen Sondereingang benützen. Sie erhalten eine Top-Card oder einen VIP-Pass, wenn sie auf ihr Saisonabonnement einen Zuschlag bezahlen. Berühmt brauchen sie also nicht zu sein, es zählt nur der Geldbeutel. In Gstaad und in Klosters hält man sich an das Motto: «Jeder Gast ist ein König und jeder König auch nur ein Gast.» Und weil man keine Zweiklassengesellschaft will, müssen auch Prinz Charles und Filmstar Roger Moore anstehen.

«So sind wir sicher, dass er keine Dummheiten macht.»

Die neuen Raketenziele liegen im Ozean

Die USA und Russland sehen sich heute als Partner

Am Moskauer Gipfeltreffen wurde von den Präsidenten Bill Clinton und Boris Jelzin demonstriert, dass zwischen den USA und Russland eine ungetrübte Eintracht herrscht. Die USA wollen Russland als wirtschaftlich und demokratisch starkes Land sehen, betonte Clinton, und Jelzin bekräftigte, Russland verfolge keine neoimperialistischen Ziele, sondern wolle von der übrigen Welt nur als vollwertiger Partner anerkannt werden. Als vertrauensbildende Massnahme wurde vertraglich vereinbart, die aus dem Kalten Krieg stammende Zielprogrammierung der Langstreckenraketen zu löschen und auf Ziele irgendwo im Ozean zu richten.

In diesen eher symbolischen als handfesten Abrüstungsschritt wurde die Ukraine eingebunden: Ihr Präsident Leonid Krawtschuk verpflichtete sich gegen Wirtschaftshilfe und Moskauer Sicherheitsgarantien zur Vernichtung der in der Ukraine lagernden 1600 Atomsprengköpfe. Damit verabschiedete sich die Ukraine aus dem Kreis der Atommächte.

Die Rettung der «La Suisse» war eine Fata morgana

Pressekonzentration fordert prominentes Opfer

Die um ihr Überleben kämpfende Genfer Tageszeitung «La Suisse» schien gerettet zu sein, als Verleger Jean-Claude Nicole an einer ausserordentlichen Generalversammlung der Herausgeber-Gesellschaft Sonor SA bekanntgab, eine liechtensteinische Firma und eine Privatperson hätten ihm Kredite in Höhe von 24 Millionen Franken zugesichert.

Bei der ungenannten Privatperson dürfte es sich um den belgisch-französischen Financier Steve van Keteleer gehandelt haben, Besitzer einer Hotelkette, zu der auch eine Luxusherberge namens «Mirage» an der Côte d'Azur gehört. Und dies war im Fall der «La Suisse» leider symbolisch, denn die vom einstigen Genfer Pressekönig angekündigte Kreditzusage erwies sich als «Fata morgana» und «Luftspiegelung», was beides «Mirage» heisst. Die fast hundertjährige «La Suisse» musste eingestellt werden, Titel und Abonnentenkartei wurden von der auf dem Westschweizer Pressemarkt dominanten Edipresse übernommen.

«Wollen wir ihm die 24 Millionen noch kurz zeigen?»

Bischofswahl mit Dissonanzen – Kandidat gestrichen

Küngs Kritik am Wahlverfahren schroff zurückgewiesen

Der Scherzkeks aus Rom hat seine Hand im Spiel.

Die Wahl des neuen Bischofs für das Bistum Basel als Nachfolger für den aus Gesundheitsgründen abtretenden Otto Wüst war von Dissonanzen begleitet. Die Kritik des in Tübingen lehrenden Schweizer Theologen Hans Küng am Wahlprozedere, das vom Domkapitel Geheimhaltung bis zur Bestätigung durch den Papst verlangt, wurde allerdings vom Domkapitel und der Diözesankonferenz schroff zurückgewiesen.

Küng hatte gefordert, den Namen des neuen Bischofs sofort bekanntzugeben, um ihn vor negativer Beeinflussung durch Papst Johannes Paul II. zu schützen. Beide Kammern hielten fest, Misstrauen sei fehl am Platz. Die Diözesankonferenz, die aus Vertretern der zehn Bistumskantone zusammengesetzt war und zum Kummer strenggläubiger Katholiken vom reformierten Solothurner Regierungsrat Fritz Schneider präsidiert wurde, machte von ihrem Recht Gebrauch und strich einen Namen von der sechs Kandidaten umfassenden Liste. Alles aber löste sich in Wohlgefallen auf, als der Name des neuen Bischofs nach der Zustimmung aus Rom veröffentlicht wurde: Die Wahl des Berner Pfarrers Hansjörg Vogel wurde allgemein begrüsst.

Verlockende Töne.

Clinton sieht sich nicht als Weltpolizist

US-Präsident wirbt für eine «Partnerschaft für den Frieden»

US-Präsident Bill Clinton liess sich die Gelegenheit nicht entgehen, am Moskauer Gipfeltreffen kräftig für die von der Nato in Brüssel beschlossene «Partnerschaft für den Frieden» zu werben. Dieses neue europäische Sicherheitskonzept bietet den früheren Mitgliedstaaten des Warschauer Pakts auf bilateraler Basis politische und militärische Zusammenarbeit an, verschiebt jedoch die Frage der Mitgliedschaft einzelner Bewerber, gegen die sich Moskau scharf ausgesprochen hat. In Brüssel hat Clinton zu verstehen gegen, dass die USA ihrer Rolle als Weltpolizist müde seien: «Wir können nicht jeden Tag jedes Ereignis in jedem Land kontrollieren.»

Verteidigungsminister stolpert über Haushalthilfe

Clinton hat mit Pentagon-Chefs kein Glück

«Das wäre ein ausgezeichneter Verteidigungsminister für Sie! Keine Steuerhinterziehung, keine Korruption, keine Sex-Geschichten: Gary Larson, 4 jährig.»

Bei der Ernennung seiner Verteidigungsminister hat US-Präsident Bill Clinton keine glückliche Hand. Sein erster Pentagon-Chef Les Aspin stolperte über seine mangelnde Führungskraft, seine chaotische Arbeitsorganisation und über eine Vergnügungsreise, die er mit Freundin und grossem Gefolge in einem Militärflugzeug nach Venedig unternommen hatte. Schon am Tag nach Aspins Rücktritt präsentierte Clinton dem amerikanischen Volk den Vier-Sterne-Admiral Bobby Inman als neuen Verteidigungsminister. Vielleicht etwas überstürzt, denn kurz nach der Nominierung kam ans Licht, dass der Texaner, der unter den Präsidenten Carter und Reagan führende Posten in verschiedenen Spionagediensten der USA bekleidet hatte, während Jahren keine Sozialbeiträge für eine Haushalthilfe abgeliefert hat. Um der sich anbahnenden Diskussion seiner fachlichen und menschlichen Qualifikationen im Senat und in den Medien zu entgehen, blies der Admiral zum Rückzug. Und Clinton griff auf den stellvertretenden Verteidigungsminister William Perry zurück.

Berlusconi steigt in die Politik ein

Italiens Medienzar hat grosse Ambitionen

Nach einem wochenlangen Geplänkel hat der Mailänder Medienunternehmer Silvio Berlusconi das italienische Volk wissen lassen, dass er an der Spitze der von ihm im Eiltempo gegründeten Bewegung «Forza Italia» in die Politik einsteigen will.

Jahrzehntelang hat Berlusconi mit seinen drei nationalen Privatfernsehketten und seinem Presse-Imperium erfolgreich um die Gunst der italienischen TV-Zuschauer und Zeitungsleser gebuhlt. Und als Präsident und Besitzer des AC Milan hat er de-monstriert, wie man mit einem international renommierten Team die Fussballstadien füllt. Nun will er als Politiker die Massen bei den vorgezogenen Parlamentswahlen mobilisieren. Dabei treibt ihn die Sorge um, dass nach dem Kollaps der traditionellen Parteien eine von den Linksdemokraten (Ex-Kommunisten) angeführte Allianz der fortschrittlichen Kräfte das Staatssteuer übernehmen könnte.

Der Fernsehzar treibt seine Wähler zusammen.

Klestils Ehekrise mauserte sich zur Staatsaffäre

Österreichs Bundespräsident zwischen zwei Frauen

Die «Staatsoperette» in der Wiener Hofburg bleibt ohne Happy-End: Im Bestreben, seine sich zur Staatsaffäre ausweitende Ehekrise aus den Schlagzeilen zu bringen, hat sich der österreichische Bundespräsident Thomas Klestil zu einer dauerhaften Trennung von seiner Ehefrau Edith und seiner Geliebten Margot Löffler entschlossen. Er will seine Repräsentationspflichten künftig allein wahr-

Edith Klestil war nach 37 Ehejahren aus der Amtsvilla ausgezogen, nachdem das 61jährige Staatsoberhaupt die ihm seit Jahren eng verbundene 39jährige Diplomatin Margot Löffler als Vizedirektorin in seine Präsidialkanzlei in der Wiener Hofburg berufen hatte. Als die Medien nach dem demonstrativen Auszug das ausserehelicheVerhältnis ans Tageslicht zerrten, wurden die Forderungen nach einem Rücktritt des seitenspringenden Bundespräsidenten immer lauter.

Dass Klestil seinen Wahlkampf als Kandidat der Volkspartei im Zeichen einer intakten Ehe und Familie geführt hatte, empfanden nun viele Wählerinnen und Wähler schlicht als «Wahlbetrug» – Ausdruck des neuen Moralismus, der auch das Land erfasst hat, welches das «chambre séparée» kultivierte. Während Frau Klestil auf der Trennung bestand, bat die Gesandte Margot Löffler Aussenminister Alois Mock um ihre Versetzung auf einen Auslandposten.

Bundespräsident, einen unanständigen Landsmann zurechtweisend.

«Nachdem Adrian Gasser uns alle rausgeworfen hatte und ganz allein im Betrieb war, beschlossen wir, einen Umbau vorzunehmen.»

Gasser schliesst auch die Spinnerei Kollbrunn

Textil-Boss beim Biga abgeblitzt

Der wegen seiner hemdsärmeligen Methoden umstrittene Textilindustrielle Adrian Gasser schliesst nach einer Kriegserklärung an die Gewerkschaften und seiner Abfuhr beim Bundesamt für Industrie, Gewerbe und Arbeit (Biga) nun auch seine Spinnerei in Kollbrunn, nachdem er zuvor schon seine Betriebe in Schwanden, Roggwil und Baar aufgegeben hat. In nur fünf Jahren hat der Chef und Mehrheitsaktionär der Lorze-Gruppe damit sein Textilimperium auf- und wieder abgebaut und dabei 500 seiner 750 Mitarbeiterinnen und Mitarbeiter auf die Strasse gestellt.

Noch 1990 hatte Gasser rund 50 Millionen Franken in seine Spinnerei im Tösstal investiert. Nach einem Warnstreik, mit welchem die 80 Angestellten auf schlechtere Arbeitsbedingungen und Lohndruck reagierten, schickte er der Belegschaft nun die Kündigung. Zuvor hatte das Biga seinen Plan, auf Kosten der Arbeitslosenkasse massiv Lohnkosten zu sparen, als krassen Missbrauch eingestuft und abgewiesen.

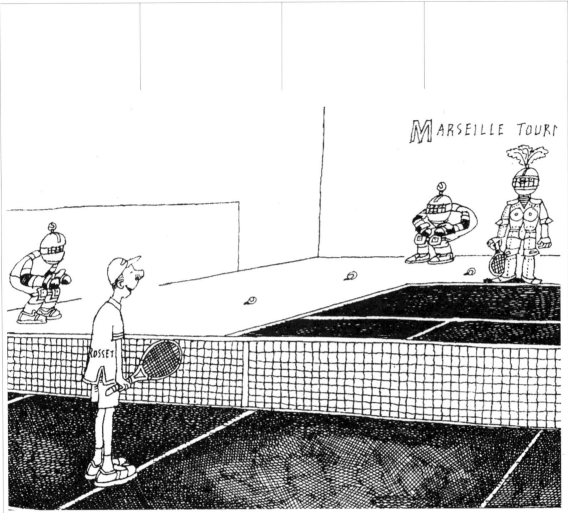

«Michael? Arnaud?»

Rossets Wochentotal: 63 Asse

Seinem ersten Sieg über den deutschen ATP-Weltmeister Michael Stich im Halbfinal des Turniers von Marseille liess der 23jährige Genfer Tennisprofi Marc Rosset gleich seinen siebten Turniersieg im Rahmen der ATP-Tour (neben dem Olympiasieg von Barcelona) folgen: Dank seinem gefürchteten Aufschlag schlug er den Franzosen Arnaud Boetsch 7:6, 7:6, wobei er sein Wochentotal auf 63 Asse schraubte. Sein erklärtes Ziel, erstmals unter die Top Ten der Weltrangliste vorzustossen, blieb allerdings wegen seiner Unbeständigkeit (vorläufig) unerreicht.

Liegen 70 Kilogramm radioaktives Cäsium im Bodensee?

Was war an Bord der abgestürzten Cessna?

«Wie ich vermutet habe: Die Exklusivrechte haben sie während des Absturzes verkauft.»

Eine in Prag gestartete deutsche Cessna 425, die beim Anflug auf den Flugplatz Altenrhein in den Bodensee gestürzt war, stand wochenlang im Mittelpunkt wilder Spekulationen, die von illegalen Transaktionen von Stasi-Millionen über Frauenhandel bis zu Schmuggel von radioaktivem Cäsium reichten.

An Bord der Privatmaschine befanden sich neben dem Piloten ein Berliner Bauunternehmer und ein ehemaliger DDR-Sportfunktionär sowie zwei tschechische Frauen, die beim Absturz alle ums Leben kamen. Die besonders von der Boulevard-Presse eifrig gepflegten Gerüchte um den Flugunfall gipfelten in einer Story der deutschen «Bild»-Zeitung, die wissen wollte, dass zwei in den Handel mit radioaktivem Material verstrickte Passagiere mit 70 Kilo Cäsium 137 aus der ehemaligen Sowjetunion in den Westen unterwegs gewesen seien. Deshalb wurden laufend Wasserproben aus dem für die Nordostschweiz und Süddeutschland so wichtigen Trinkwasserspeicher entnommen. Anzeichen für eine radioaktive Verseuchung ergaben sich aber keine, und bei der Bergung der Maschine konnte auch kein Beweismaterial für die übrigen abenteuerlichen Spekulationen sichergestellt werden.

Kunmings Geschenk bröckelt

Noch bevor der China-Garten beim Zürichhorn, mit dem sich die südchinesische 2,5-Millionen-Stadt Kunming bei der Limmatstadt für die seit 1982 bestehende Städtepartnerschaft bedankt, seine Tore öffnete, gab es Probleme, die nicht allein politischer Natur waren: Am Gesamtkunstwerk, das den Besucherinnen und Besuchern eine andere Welt erschliesst, begannen die glasierten Zierziegel abzubröckeln. Da Vandalen diesmal nicht am Werk waren, stellte sich die Frage: Material- oder Konstruktionsfehler oder gar ein Klimaschock?

Die Appenzeller Saftwurzel hat genug

Carlo Schmid tritt als CVP-Präsident zurück

Der Appenzell-Innerrhoder Ständerat Carlo Schmid wirft das Handtuch als CVP-Präsident: Nach nur zweijähriger Amtszeit legt er das Parteipräsidium nieder, weil er nach eigener Aussage als Familienvater, Anwalt, Landammann, Ständerat und Präsident einer Bundesratspartei die Grenzen seiner Belastbarkeit erreicht hat.

Beim Rücktritt der 44jährigen Saftwurzel aus Oberegg spielen aber auch innerparteiliche Gründe mit: Der wertkonservative und nur in Wirtschaftsbelangen liberale Politiker verfügt weder über die nötige Integrationskraft, um die in vielen Fragen auseinanderstrebende Parteifamilie zusammenzuhalten, noch ist es ihm gelungen, den Wählerschwund der Christlichdemokraten zu stoppen. Auch seine Meinungsverschiedenheiten mit den CVP-Bundesräten Flavio Cotti und Arnold Koller in der Integrationspolitik dürften bei seinem Entschluss eine Rolle gespielt haben.

Den Bremser verloren.

Wie die Lega mit den Volksrechten umgeht

Die vom schreib- und sprachgewandten Journalisten und Nationalrat Flavio Maspoli und vom Bauunternehmer Giuliano Bignasca geführte Protestbewegung «Lega dei Ticinesi» empfiehlt sich den Wählerinnen und Wählern in unserem Südkanton als eine neue, saubere politische Kraft, die mit dem Interessenklüngel der traditionellen Parteien aufräumen und Transparenz herstellen will. Doch wie gehen die Superdemokraten mit den Volksrechten um? Für ein Referendum gegen die Kehrichtsackgebühr, die Chiasso als erste Tessiner Gemeinde einzuführen beschlossen hatte, holte sich die Lega die Unterschriften nicht nur bei Landsleuten: Sie liess auch 44 Italiener, zwei Österreicher und einen Tunesier unterschreiben. Fazit: Wegen der vielen ungültigen Unterschriften – 31 Einwohner unterschrieben gleich zweimal – kam das Referendum nicht zustande. Und: Es ist offenbar einfacher, eine saubere Politik zu predigen als zu betreiben.

Concierge in hilfloser Stellung.

Tory-Sexskandale schockieren Britannien

Konservative schiessen im Spiel mit der Moral ein Eigentor

Die britischen Konservativen, die auf ihrem letzten Parteitag die Moralkampagne «Zurück zu den Grundwerten» lanciert haben, sehen sich durch eine ganze Serie von Sexskandalen in ihrem Selbstvertrauen schwer erschüttert. Die Glaubwürdigkeit der Tory-Partei als selbsternannter Garantin traditioneller Werte steht auf dem Spiel, wie Premierminister John Major hilflos zur Kenntnis nehmen muss.

Im Laufe von sechs Wochen schockierten diese «nationalen» Skandale die britische Öffentlichkeit: ein Staatssekretär, der seine Parteifreunde mit zwei unehelichen Kindern überrascht; ein Abgeordneter, der sich mehrerer simultaner Liebschaften rühmt; ein weiterer Staatssekretär, dessen Frau sich erschiesst, weil sie seine amouröse Beziehung zu einer anderen Frau nicht mehr erträgt; ein Parlamentarier, der auf einer Reise mit einem Männerfreund im Hotelbett ertappt wird und der Nation weiszumachen sucht, er habe in solchem Arrangement nur übernachtet, «weil es billiger war»; und schliesslich der Tod eines prominenten Tory-Abgeordneten, der in seinem Haus, bloss mit Damenstrümpfen bekleidet und mit einer Plastiktüte über dem Kopf, aufgefunden wird, nach Polizeiangaben in einem Akt autoerotischer Luststeigerung erstickt.

Li Peng stabilisiert die chinesische Gesellschaft.

Chinas Premier betont Stabilität

Vor den knapp 3000 Abgeordneten des Nationalen Volkskongresses, des von der Kommunistischen Partei kontrollierten Parlaments, erklärte der chinesische Regierungschef Li Peng die gesellschaftliche Stabilität zur unentbehrlichen Bedingung für wirtschaftliches Wachstum. Und nur ein kontrolliertes Wachstum der chinesischen Wirtschaft könne den weiteren Erfolg der Reformen von Deng Xiao-ping garantieren.

Um Störaktionen während der Volkskongress-Session zu verhindern, hatte die Polizei vorsorglich ein gutes Dutzend Dissidenten in Haft genommen. Trotzdem forderte eine Gruppe von Intellektuellen die Pekinger Regierung mit einem offenen Menschenrechtsappell heraus.

Der Mega-Star

Das einzige Cabrio, das dem Mega davonfährt – in der Stadt.

150 Kilo Tenor

Luciano Pavarotti im Zürcher Hallenstadion

Die seltenen gemeinsamen Auftritte der drei grössten Tenöre der Gegenwart – Luciano Pavarotti, José Carreras und Placido Domingo - anlässlich der Fussball-Weltmeisterschaften von Rom und Los Angeles zählen zu den bedeutendsten Kulturereignissen des Jahrzehnts, machen Fernsehgeschichte und gehören auch gagenmässig in die Kategorie der Superlative: drei mal drei Millionen Dollar für das Terzett der Meistersinger. Zürich leistete sich zwar nicht gleich das ganze Trio, aber immerhin seinen schwerstgewichtigen Drittel: Im Hallenstadion zelebrierte der einstige Sportlehrer aus Modena, den mit seinen spanischen Kollegen auch die Liebe zum runden Leder verbindet, die Kunst des hohen C. Trotz seiner 59 Jahre und seiner Leibesfülle von 150 Kilo Lebendgewicht nennt Luciano Pavarotti mit seiner ansteckenden Italianità noch immer das sein eigen, was der Philosoph Ernst Bloch den «Magnetismus eines singenden Erotikons» nannte.

Die Alpeninitiative schockt die Europäer

Ogi an der Verkehrsminister-Konferenz auf Kreta «im steifen Gegenwind»

Die mit 52 Prozent Ja-Stimmen vom Schweizervolk angenommene Alpeninitiative, die den Transitgüterverkehr durch die Schweiz innert zehn Jahren auf die Schiene verlagern will und den weiteren Ausbau der alpenquerenden National- und Hauptstrassen verbietet, hat nicht nur einmal mehr die einhellig ablehnende Westschweiz verärgert (Bundesrat Delamuraz: «Die Romandie hat die Schnauze voll»), sondern auch die Europäische Union geschockt.

Bundesrat Adolf Ogi, der das Volksbegehren im hitzigen Abstimmungskampf beredt bekämpft hatte, das Resultat nach dem Motto «Das Volk hat immer recht» aber akzeptierte und als Auftrag ernstnehmen wollte, stand an der paneuropäischen Verkehrsminister-Konferenz auf Kreta «im steifen Gegenwind». Seine Kollegen sprachen von einer Verletzung des Transitvertrages, da der neue Verfassungsartikel bloss jenen Lastwagenverkehr auf den Transitachsen erfasst, der mehrheitlich von ausländischen Camionneuren abgewickelt wird. Viele Politiker und Verkehrsexperten waren zwar mit dem Grundsatz einverstanden, dass der Schwerverkehr vermehrt auf die Schiene gehört, hielten aber wenig von einer Pionierrolle der Schweiz, in der sich die triumphierenden Urner und Bündner Initianten des Volksbegehrens sonnen.

Fühlt sich auf Händen getragen.

Jugendprotest: Balladur gibt nach

Frankreichs Regierungschef zieht seine Mindestlohnreform zurück

Am Ende seines ersten erfolgreichen Amtsjahrs als französischer Ministerpräsident hat sich der Gaullist Edouard Balladur, der bereits als Favorit für die Nachfolge des sozialistischen Staatspräsidenten François Mitterrand im Elysée galt, erstmals kräftig in die Nesseln gesetzt: Der von ihm und seinem Arbeitsminister Michel Giraud im Kampf gegen die Jugendarbeitslosigkeit lancierte «Vertrag zur beruflichen Eingliederung» (CIP), eine Art Mindestlohnreform, wirkte auf die Adressaten wie ein rotes Tuch und löste eine landesweite Jugendrevolte aus. Als auch die Gewerkschaften auf den Protestzug der Studenten und Mittelschüler aufsprangen, gab Balladur nach, zog den umstrittenen CIP zurück und suchte den Dialog mit den Jungen.

Gentech-Nahrung: Protest

Kritik am neuen Lebensmittelrecht

Die erstmalige Regelung des Umgangs mit gentechnischen Erzeugnissen ist in der Vernehmlassung zum neuen Lebensmittelrecht auf breite Kritik gestossen. Mit Ausnahme der FDP bestehen alle Bundesratsparteien und zahlreiche mit der Materie befasste Organisationen auf der Einführung einer Deklarationspflicht für gentechnisch veränderte Lebensmittel.

Das neue Lebensmittelrecht regelt erstmals den Umgang mit gentechnologisch erzeugten Lebensmitteln. Der Bundesrat kann sie zulassen, wenn keine gesundheitlichen Gefahren bestehen. Über eine Deklaration schweigt sich die Verordnung aus, was im Vernehmlassungsverfahren auf breite Kritik gestossen ist. Bei den Bundesratsparteien schert nur die FDP aus dem mehr oder weniger einheitlichen Tenor aus: Sie lehnt sowohl das vorgesehene Bewilligungsverfahren als auch die Kennzeichnung gentechnologisch behandelter Lebensmittel ab. Die übrigen Regierungsparteien fordern grundsätzlich die Deklarationspflicht. Die Grünen sprechen sich für ein Verbot von gentechnologisch hergestellten oder veränderten Lebensmitteln aus.

Erfolg-Reicher Abschluss einer Tafelrunde.

Schlussakte der Uruguay-Runde unterzeichnet

Grundstein zu einer neuen Welthandelsordnung gelegt

Minister aus über hundert Staaten, darunter Bundesrat Jean-Pascal Delamuraz, haben in Marrakesch die Schlussakte der Uruguay-Runde sowie den Vertrag zur Gründung der Gatt-Nachfolgeorganisation WTO unterzeichnet. Damit legten sie den Grundstein zu einer neuen Welthandelsordnung.

Die in siebeneinhalbjährigen Verhandlungen erzielten Resultate der in Uruguay gestarteten 8. Gatt-Welthandelsgespräche bringen weltweit neue Zollsenkungen für Güter, wobei erstmals auch landwirtschaftliche Produkte erfasst werden. Das neue Vertragswerk öffnet die Märkte radikal und greift mit seinen Spielregeln für den zwischenstaatlichen Standortwettbewerb in die Wirtschaftspolitik der beteiligten Länder ein. Die «World Trade Organization» will den Anliegen der Entwicklungsländer ein besonderes Augenmerk schenken und damit den dort umgehenden Ängsten begegnen. Der Wegfall der Präferenzzölle trifft viele Staaten der Südhalbkugel besonders hart.

Ausnahmezustand über Natal verhängt

Kissingers Vermittlungsmission gescheitert

Die neue Apartheid.

Nach blutigen Kämpfen zwischen Anhängern des Afrikanischen Nationalkongresses (ANC) und der vom Zulu-Stamm getragenen Inkatha-Freiheitspartei, die Hunderte von Toten forderten, hat die südafrikanische Regierung von Präsident Frederik de Klerk den Ausnahmezustand über die Provinz Natal verhängt.

Die Hoffnung auf eine Einigung zwischen ANC und Inkatha ist weiter gesunken, nachdem ANC-Chef Nelson Mandela und Präsident de Klerk die ultimative Forderung des Inkatha-Führers Mangosuthu Buthelezi nach Verschiebung der Wahlen definitiv zurückgewiesen haben. Eine unter Führung des ehemaligen US-Aussenministers Henry Kissinger in Johannesburg weilende internationale Vermittlergruppe hat deshalb ihre Mission abgebrochen, noch bevor sie ihre Schlichtungsbemühungen überhaupt aufgenommen hatte.

«Dagobert» ging endlich in die Falle

Kaufhaus-Erpresser in Berlin geschnappt

«Ich möchte mir wenigstens die 100'000 Eier verdienen.»

Einer der spektakulärsten Fälle der deutschen Kriminalgeschichte ist zu Ende: Nach fast zweijähriger Fahndung konnte der unter dem Tarnnamen «Dagobert» auftretende Erpresser, der vom Kaufhauskonzern Karstadt eine Summe von 1,4 Millionen D-Mark forderte und die Ermittlungsbehörden mit technischer Raffinesse narrte, verhaftet werden.

Das Einsatzkommando griff zu, als der arbeitslose Lackierer Arno Funke in einer Telefonkabine in Berlin-Treptow eine nur ihm und der Polizei bekannte Geheimnummer wählte, um den letzten von insgesamt 19 Übergabeterminen zu vereinbaren. Der Erpresser, der fünf Bomben in Karstadt-Filialen hatte hochgehen lassen, um seine Geldforderung zu unterstreichen, wurde von jenem Beamten gefasst, der «Dagobert» schon einmal gestellt hatte, dann aber auf einem Häufchen Hundekot ausgeglitten und gestürzt war. In seinem umfassenden Geständnis gab Funke zu, schon vor sechs Jahren vom «Kaufhaus des Westens» eine halbe Million D-Mark erpresst zu haben.

Das Bosnien-Drama nimmt kein Ende

Erste Nato-Luftangriffe retten Gorazde

Im Krieg um Bosnien, der bisher an die 200'000 Todesopfer gefordert und mehr als 2,7 Millionen Menschen aus der Heimat vertrieben hat, spielen die sämtliche Prinzipien des Westens verhöhnenden Serben mit Uno und Nato Katz und Maus. Monate des Grauens vergingen, bevor sich die Vereinten Nationen und die westliche Verteidigungsallianz endlich entschlossen, den Belagerern der bosnischen Hauptstadt Sarajevo Einhalt zu gebieten. Und viele weitere Wochen verstrichen, bis die vor dem Fall stehende ostbosnische Muslim-Enklave Gorazde, die als Uno-Schutzzone nahezu wehrlos unter Artillerie- und Panzerbeschuss lag, aus dem tödlichen Würgegriff der serbischen Angreifer befreit wurde. Erst als auch die in der belagerten Stadt stationierten Uno-Einheiten in Bedrängnis gerieten, flogen erstmals amerikanische Kampfflugzeuge Einsätze gegen serbische Stellungen, um die «Schlächterei von Unschuldigen zu stoppen», wie Präsident Clinton die Angriffe der F-16- und F-18-Maschinen begründete.

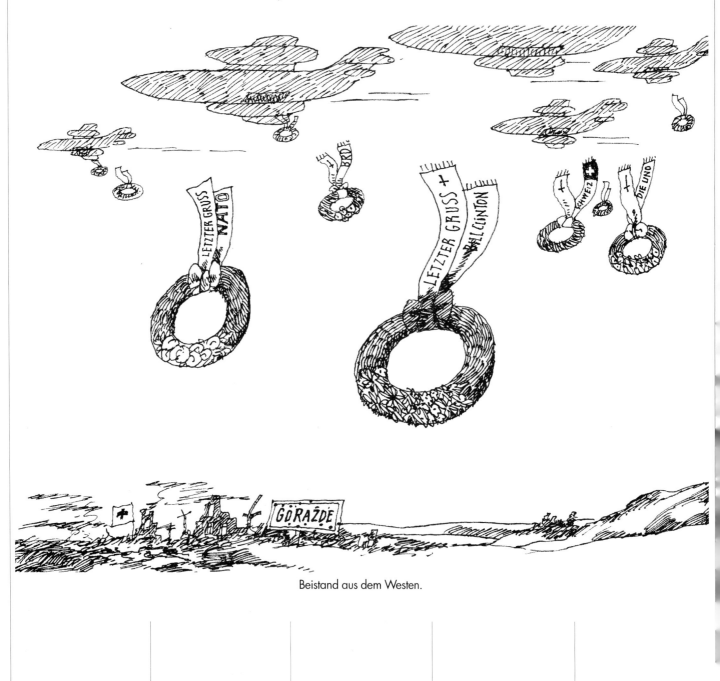

Beistand aus dem Westen.

«Ist doch wirklich gelungen, wie der Bundesrat unseren Blick mehr auf das Eigenständige lenkt.»

Bundesrat betreibt Fernseh-Heimatschutz

Keine Konzession für ein RTL-Fenster

Der Bundesrat verweigert die Konzession für das von Schweizer Verlegern geplante Programmfenster auf dem deutschen RTL-Fernsehkanal. Den abgewiesenen Gesuchstellern empfiehlt die Landesregierung im Sinne eines «Schweizer Weges» eine Beteiligung an einem teilprivatisierten SRG-Kanal S plus nach seinem «raschen Neustart». Das Angebot wird postwendend zurückgewiesen.

Medienminister Adolf Ogi begründet den Entscheid des Bundesrats mit staats- und kulturpolitischen Überlegungen und betont, er sei nicht gegen die Curti- und TA-Medienkonzerne gerichtet. Vielmehr wolle die Regierung einer «eigenständigen Medienlandschaft eine Chance geben». Zugleich appelliert er an die brüskierten Zürcher, Basler und Luzerner Verlagshäuser, aus politischen Gründen auf juristisch und technisch durchaus mögliche Umgehungsmanöver zu verzichten.

Südafrika: ANC-Wahlsieg nach Mass

Mandela löst de Klerk an der Staatsspitze ab

Bei den ersten demokratischen Wahlen in Südafrika errang der Afrikanische Nationalkongress (ANC) unter Führung von Nelson Mandela den erwarteten grossen Sieg und verfehlte mit 62,65 Prozent der abgegebenen Stimmen die angestrebte Zweidrittelmehrheit nur knapp.

Im 400 Abgeordnete zählenden Parlament besetzt der ANC 252 Sitze. Die Nationale Partei des bisherigen Präsidenten Frederik de Klerk, die in den vergangenen vier Jahren ihren Alleinregierungsanspruch schrittweise zurückgestuft hatte, kam auf 20,3 Prozent und 82 Sitze. Die Inkatha-Freiheitspartei des Zulu-Häuptlings Mangosuthu Buthelezi, die sozusagen in letzter Stunde ihren Wahlboykott aufgegeben hatte, brachte es auf 10,3 Prozent und 43 Sitze im Parlament. Der demokratisch geregelte Machtwechsel von Weiss zu Schwarz wurde mit der Wahl Mandelas zum Staatspräsidenten abgeschlossen; sein Vorgänger de Klerk ist nun einer seiner beiden Stellvertreter. Bei seiner Amtseinsetzung in Pretoria versprach Mandela, seine Regierung werde ein Südafrika aufbauen, in dem alle Menschen, Schwarze und Weisse, aufrecht gehen könnten, weil ihre menschliche Würde garantiert sei. «Wir werden zusammenarbeiten, um aus Südafrika ein grossartiges Land zu machen. Lasst uns die Vergangenheit vergessen.»

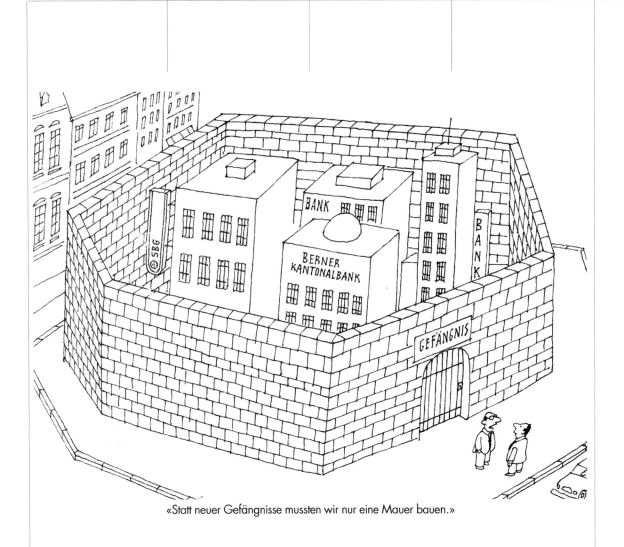

«Statt neuer Gefängnisse mussten wir nur eine Mauer bauen.»

Fall Rey:
Berner Bankiers vor Gericht

Gegen zwei ehemalige Generaldirektoren der Berner Kantonalbank, Kurt Meier und Heinz Landolf, wurde im Fall der Mega-Pleite von Werner K. Rey Anklage erhoben.

Im Zusammenhang mit Krediten für Reys Omni-Holding und einem dubiosen Pfandaustausch, die der Berner Kantonalbank einen geschätzten Verlust von 20 bis 30 Millionen Franken bescherten, wurde ihnen ungetreue Geschäfts- und Amtsführung vorgeworfen. Meier, der sich von Rey als Verwaltungsrat einspannen liess, hat auch noch gegen das Bundesgesetz über Banken und Sparkassen verstossen, weil er mit dem Pfandaustausch ein sogenanntes «Klumpenrisiko» eingegangen war, dies aber nicht vorschriftsgemäss der Eidgenössischen Bankenkommission gemeldet hatte. Bei einem Schuldspruch drohten den beiden Bankiers Gefängnisstrafen bis zu drei Jahren. Meier entzog sich dem Prozess vor dem Wirtschaftsstrafgericht des Kantons Bern durch Selbstmord: Er warf sich vor den Regionalzug Thun-Bern.

Plädoyer für die Prügelstrafe

New Yorks Ex-Bürgermeister hat genug

Der Fall des jungen Amerikaners Michael Fay, der in Singapur wegen Vandalismus zu sechs Stockhieben verurteilt wurde, hat in den USA eine hitzige Debatte darüber ausgelöst, wie der Verlotterung von Recht und Ordnung auch im eigenen Land Einhalt geboten werden könnte. Im Gegensatz zu Präsident Bill Clinton, der bei der Regierung des südostasiatischen Stadtstaats gegen das Urteil intervenierte und eine Reduktion des Strafmasses auf vier Stockhiebe erreichte, plädierte sein Parteifreund Ed Koch, der von 1978 bis 1989 Bürgermeister von New York gewesen ist, in Vorträgen und Zeitungsartikeln engagiert für die Wiedereinführung der 1948 abgeschafften Prügelstrafe «als einen Beitrag zur Wiederherstellung von Ruhe und Ordnung auf unseren Strassen». Man müsse der Justiz eine weitere Strafmöglichkeit geben, um die völlig ausser Kontrolle geratene Kriminalität in den Griff zu bekommen. Es sei an der Zeit, damit aufzuhören, kriminelles Verhalten immer mehr zu tolerieren. «Ich bin sicher, dass die Angst vor der Prügelstrafe Menschen von Straftaten abhalten wird, die sie jetzt ohne Scheu begehen.»

«Und wie hoch ist das Strafmass für einen, der gegen die Prügelstrafe ist?»

Rechtsaussen-Front gegen Blauhelme

Blochers Generalangriff auf die Aussenpolitik des Bundesrates

Fünf Wochen vor der entscheidenden Volksabstimmung blies die Aktion für eine unabhängige und neutrale Schweiz (AUNS) zum Angriff gegen die bundesrätliche Blauhelm-Vorlage. AUNS-Präsident und SVP-Nationalrat Christoph Blocher nahm die geplante Bereitstellung eines Schweizer Blauhelm-Kontingents zum Anlass für einen Generalangriff auf die Aussenpolitik der Landesregierung. Nachdem das Schweizervolk einen EWR-Beitritt verhindert habe, versuche es der Bundesrat nun auf dem Weg der Sicherheitspolitik, über Aufweichung und Aushöhlung der Neutralität. Statt über die in der Bundesverfassung verankerte Unabhängigkeit und Neutralität zu wachen, erdreiste sich die Landesregierung, EU- und Uno-Beitritt als strategische Ziele zu verkünden.

In seinem Feldzug gegen die Annäherung an Europa wurde der Gralshüter der Neutralität nicht nur von seiner eigenen Partei unterstützt, die gegen das Votum ihres Bundesrats Adolf Ogi die Blauhelm-Vorlage zur Verwerfung empfahl. Auch die Auto-Partei, die sich bei dieser Gelegenheit zur Imagepflege in «Freiheitspartei» umbenannte, sagte den Schweizer Blauhelmen einstimmig den Kampf an. Ebenso einstimmig lehnten die Delegierten die erleichterte Einbürgerung junger Ausländerinnen und Ausländer der zweiten Generation und den Kulturförderungsartikel ab.

Romingers dritter Sieg in der Spanien-Rundfahrt

Die Spanien-Rundfahrt 1994 wurde beinahe nach Belieben von Tony Rominger dominiert. Der 33jährige Schweizer Radrennfahrer trug vom ersten bis zum letzten Tag das Leadertrikot der Vuelta, gewann sechs Etappen und als erster Fahrer überhaupt zum drittenmal in Serie die Nummer 3 der grossen Landesrundfahrten.

Die Hoffnung der neuen Nummer 1 der UCI-Weltrangliste, nun erstmals auch die Tour de France zu gewinnen und dabei den vierten Sieg von Miguel Indurain zu verhindern, ging dann aber buchstäblich in die Hose: In der 13. Etappe musste Tony Rominger wegen einer Magen-Darmerkrankung geschwächt vom Rad steigen.

«Weckst Du mich bitte, wenn Du die andern kommen siehst?»

Die Angst fährt mit in Monte Carlo

Senna und Ratzenberger tödlich verunglückt, Wendlinger im Koma

Nach einer achtjährigen Glückssträhne ohne tödliche Unfälle wurde die Formel 1 durch das schwarze Wochenende von Imola brutal auf den Boden der Realität zurückgeholt: Im Grand Prix von San Marino krachte der dreifache brasilianische Weltmeister Ayrton Senna, nach Prosts Rücktritt das eigentliche Aushängeschild der Formel 1, in seinem Williams-Renault mit einer Geschwindigkeit von fast 300 km/h in eine Mauer und wurde von einem beim Aufprall weggebrochenen Teil der Radaufhängung erschlagen. Schon tags zuvor war der österreichische Formel-1-Novize Roland Ratzenberger dem horrenden Tempo zum Opfer gefallen, als er die Herrschaft über seinen Simtek-Ford verlor. Auf die Tragödien von Imola reagierte der Internationale Automobilverband (FIA) nur mit zaghaften Beschlüssen. Erst als im Training zum Grossen Preis von Monaco zwei Wochen später auch der österreichische Sauber-Mercedes-Pilot Karl Wendlinger schwer verunglückte und darauf lange im Koma lag, ordneten die aufgeschreckten FIA-Verantwortlichen ein drastisches Massnahmenpaket an, das kurz- und mittelfristig zum Ziel hatte, die Geschwindigkeit der Boliden zu reduzieren, durch Verbesserungen in der Fahrzeugkonstruktion die Sicherheit der Fahrer zu verbessern und die Rennstrecken zu entschärfen. Das Rennen von Monte Carlo wurde allerdings nicht abgesagt: Auf dem engen Strassenkurs fuhr die Angst mit.

Rien ne va plus in Monte Carlo.

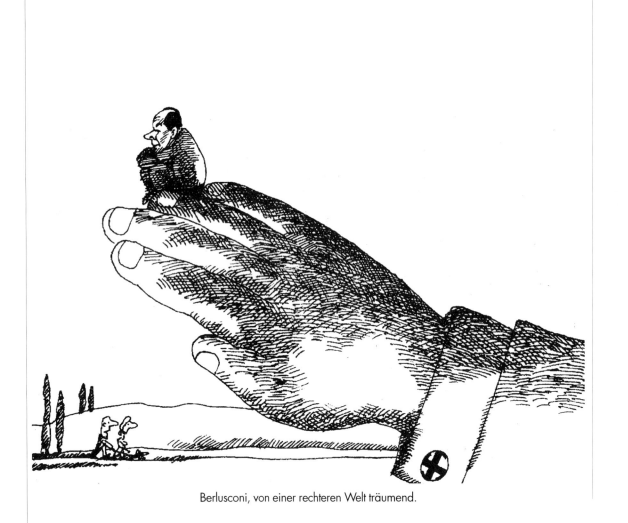

Berlusconi, von einer rechteren Welt träumend.

Berlusconi träumt von einem perfekten Italien

Rechtsallianz gewinnt die Parlamentswahlen

An der Spitze der in nur drei Monaten aus dem Boden gestampften rechtsliberalen Bewegung Forza Italia gewann der 57jährige Mailänder Medienunternehmer Silvio Berlusconi die Parlamentswahlen, die Italien eine völlig veränderte Politlandschaft bescherten. In der 630 Abgeordnete zählenden Volksvertretung verfügt die rechte Freiheitsallianz – eine Dreierkoalition aus «Forza Italia», der aus der neofaschistischen Sozialbewegung (MSI) hervorgegangenen Nationalen Allianz und der föderalistischen «Lega Nord» – mit 366 Sitzen über die absolute Mehrheit. Die Oppositionsrolle spielt die linke Fortschrittsallianz der Ex-Kommunisten mit 213 Abgeordneten und das auf 46 Sitze zusammengeschmolzene Zentrum, das sich «Pakt für Italien» nennt.

Berlusconis Regierungserklärung erinnerte an die von Margaret Thatcher und Ronald Reagan praktizierten Rezepte: weniger Staat, weniger Steuern, mehr Konsum. Der neue Regierungschef zeichnete ein Bild Italiens der Zukunft, das gerechter, moderner, leistungsfähiger, ordentlicher und sicherer sein soll. Seinen gefährlichsten Gegner ortete Berlusconi im eigenen Lager: Lega-Chef Umberto Bossi gab klar zu verstehen, dass ihn das Bündnis nicht hindern werde, den Ministerpräsidenten immer wieder in aller Öffentlichkeit zu attackieren. Er traut Berlusconi nicht zu, Politik und Geschäft säuberlich auseinanderhalten zu können.

Sein erster Auftritt.

Erstmals Neofaschisten in Italiens Regierung

Die Neofaschisten hatten fast fünf Jahrzehnte lang ein Schattendasein in der italienischen Politik gefristet. Nun stellten sie zur peinlichen Überraschung der italienischen Demokraten und des verblüfften Auslands im Kabinett Berlusconi plötzlich fünf Minister und obendrein mit Postminister Giuseppe Tatarella gleich noch einen der beiden Stellvertreter des Regierungschefs. Berlusconi durfte auf Unterstützung dieser Verbündeten zählen, hatte er es ihnen doch ermöglicht, aus dem Ghetto des Rechtsextremismus auszubrechen. Obwohl der gemässigte Parteiführer Gianfranco Fini immer wieder betonte, dass die der neofaschistischen MSI entsprungene «Alleanza Nazionale» (AN) eine moderne Rechtspartei sei, die mit der faschistischen Duce-Tradition gebrochen habe, weckten irredentistische AN-Parolen, die sich gegen Istrien und damit gegen Italiens schwächsten Nachbarn, Slowenien, richteten, ungute Erinnerungen an die «glorreiche» Mussolini-Vergangenheit. Mit dem Versuch, eine Mussolini-Enkelin zum Stadtoberhaupt von Neapel zu machen, waren die Neofaschisten nur knapp gescheitert.

Badener Katholiken wehren sich für ihren Pfarrer

Neuer Bischof kann nichts für heiratswilligen Pfarrer tun

Der neue Bischof von Basel, Hansjörg Vogel, wurde schon bald nach seiner Amtseinsetzung mit einer Herausforderung konfrontiert: Als der heiratswillige Stadtpfarrer von Baden, Paul Wettstein, zu Beginn eines Gottesdienstes verkündete, er müsse auf Verlangen von Bischof Vogel aus kirchenrechtlichen Gründen seine priesterlichen Funktionen mit sofortiger Wirkung niederlegen, brach in der Gemeinde ein Sturm gegen den Bischof los.

Eine Gruppe fortschrittlicher Katholiken um CVP-Stadtrat Peter Conrad verfasste einen offenen Brief an Vogel, in welchem der Enttäuschung Ausdruck verliehen wurde, dass der Bischof kein mutiges Wort finde für die von der Mehrheit der Gläubigen geforderten Änderungen der Zölibatsverpflichtung. «Schockiert sind wir über Ihre offenbar formaljuristisch begründete Entscheidung, dass Stadtpfarrer Wettstein mit sofortiger Wirkung jede sakramentale Tätigkeit einstellen muss. Wir verstehen das nicht und können es deshalb nicht akzeptieren.» Der neue Oberhirte stellte sich der Aufforderung zu einem Dialog mit der Basis und äusserte menschliches Verständnis für die Nöte seiner rebellischen Schäfchen, die ihren äusserst engagierten und beliebten Pfarrer nicht verlieren wollten. In der Sache selbst konnte er ihnen aber wenig Hoffnung machen: Die römische Kirche hält eisern an der Ehelosigkeit ihrer Priester fest, obwohl der Zölibat weder ein Dogma noch ein unabänderliches Gesetz ist und deshalb vom Papst abgeschafft werden könnte.

«Fass!»

NICO-ANZEIGER

Brüssel will Verkehr vorerst ausklammern

Die Konsequenzen der Alpeninitiative

Der Bundesrat begrüsst den Entscheid des Aussenministerrates der Europäischen Union, mit der Schweiz bilaterale Verhandlungen zu führen. Er erwartet jedoch, dass die Gemeinschaft ihre Haltung in den Bereichen Strassen- und Luftverkehr ändert. Der Bundesrat reagiert enttäuscht auf den Beschluss der EU-Aussenminister, die Verkehrsverhandlungen so lange aufzuschieben, bis die bestehenden Unklarheiten über die konkrete Umsetzung der Alpeninitiative ausgeräumt sind.

Die Aussenminister der Gemeinschaft haben die Schweiz daran erinnert, dass die Verhandlungen zu einem «Gleichgewicht der beiderseitigen Vorteile» führen müssten und dass sie dieses Ziel «erforderlichenfalls» mit einem «angemessenen Parallelismus» zwischen den verschiedenen Abkommen durchzusetzen gedächten. Sie haben sich aber der Meinung der EU-Kommission angeschlossen, dass es «unklug» wäre, «einem der wichtigsten Handelspartner und einem potentiellen Mitgliedstaat» die Tür zu verschliessen.

Schon wieder 40'000 Fichen

Das Ende der Handkarteien beim Staatsschutz

Die Staatsschützer des Bundes haben seit dem Auffliegen der Fichen-Affäre innert vier Jahren wieder rund 40'000 Fichen angelegt. Die Informationen werden jetzt auf das Staatsschutz-Informationssystem ISIS übertragen.

Der Bundesrat hatte im Sommer 1992 beschlossen, die Fichen der Bundespolizei durch eine elektronische Datenbank zu ersetzen. Polizeiminister Arnold Koller erklärte zum Ende der Handkarteien beim Staatsschutz, bei dieser Gelegenheit werde geprüft, welche Informationen noch benötigt würden. Ein «erheblicher Teil» der Fichen werde dabei wegfallen.

Der Noldi lässt wieder schnüffeln.

«Berzin, der Zar von Italien»

Mit diesem Ehrentitel bedachte die «Gazzetta dello Sport» den Giro-Fahrer Jewgeni Berzin, der überraschend die Italien-Rundfahrt dominierte und als erster russischer Rennfahrer auch gewann. Der 24jährige hatte in seinem zweiten Profijahr zwar bereits in Classiques brilliert, aber die Klasse und Konstanz, die es braucht, um eine so grosse Rundfahrt wie den Giro d'Italia siegreich zu beenden, hatte man ihm noch nicht zugetraut. Der prominenteste Geschlagene war der Spanier Miguel Indurain, der mit seinen «veralteten» Trainingsmethoden von spanischen Radsportreportern etwas voreilig bereits abgeschrieben wurde. Die aussergewöhnlichen athletischen Fähigkeiten hätten dem Velo-Star aus dem Baskenland bisher genügt, um die Konkurrenz zu dominieren. Nun sei die Zeit des Umdenkens gekommen, schrieben sie. «Er spult noch immer seine Trainingskilometer in der Gegend von Pamplona ab, wo er wohnt. Das haben vor zehn Jahren alle so gemacht. Heute trainieren Rominger & Co. jedoch viel zielgerichteter mit Hilfe des Computers und bereiten sich im Höhentraining in den USA auf die Tour de France vor.» Indurain bewies seinen Kritikern in der Folge, dass die Gegend von Pamplona als Trainingsgebiet noch immer genügt, um eine Tour de France zum vierten Mal zu gewinnen.

«Wäre ja gelacht, wenn der neue Super-Stoff nicht helfen würde.»

Eine Heimkehr mit Misstönen

Solschenizyn betritt nach 20 Jahren Exil wieder russischen Boden

Der russische Schriftsteller und Dissident Alexander Solschenizyn ist nach zwanzigjährigem Exil, das er in der Schweiz und grösstenteils in den USA verbrachte, in seine russische Heimat zurückgekehrt: eine Heimkehr nicht ohne Misstöne für den berühmten Autor, der 1970 den Literatur-Nobelpreis zugesprochen erhalten hat.

Solschenizyn ist nicht direkt nach Moskau zurückgekehrt, das er erst in einer mehrwöchigen Reise erreichen will. Er betrat erstmals wieder russischen Boden in Magadan in Sibirien, wo sich eines der vielen Gefangenenlager befunden hat, denen er in seinem Hauptwerk «Archipel Gulag» ein literarisches Denkmal gesetzt hat. Er wollte damit den Hunderttausenden, ja Millionen die Ehre erweisen, die im sowjetischen Gulag umgekommen sind. Der Moralist, der selber zehn Jahre im Straflager verbracht hat, musste zur Kenntnis nehmen, dass seine Heimkehr nicht ungeteilte Begeisterung auslöste. So fragte der demokratische frühere Bürgermeister von Moskau, Gawriil Popow: «Warum ist er nicht früher nach Hause gekommen?» Und der junge Kulturkritiker Witali Tretjakow schrieb in einem Zeitungsartikel, der Schriftsteller mit «seinem auf Hochglanz polierten Gewissen» sei eine lebende Reliquie aus dem amerikanischen Jenseits, der nichts mehr begreife, weder Russland noch den Westen.

«Diese Hürde ist erst recht viel zu hoch für so verknöcherte Sesselkleber.»

10. AHV-Revision ohne Referendum?

Streit um Frauen-Rentenalter gefährdet auch positive Errungenschaften

Im Zeichen der von Experten schon für die nahe Zukunft prognostizierten Milliardenlöcher in der AHV-Kasse war bei der Beratung der 10. AHV-Revision in den eidgenössischen Räten vor allem das Rentenalter für Frauen heftig umstritten.

Sowohl im Nationalrat wie in der kleinen Kammer standen alle Signale auf eine schrittweise Erhöhung von 62 auf 64 Jahre. Die von vielen Bürgerinnen und Bürgern im Sinne der Gleichberechtigung gewünschte Alternative für eine Senkung des Männer-Rentenalters auf 62 war aus finanzpolitischen Gründen schlicht kein Thema. Die von beiden Räten mehrheitlich favorisierte Erhöhung des Frauen-Rentenalters auf 64 rief beträchtliche Unruhe in der Öffentlichkeit hervor und drohte ein Referendum auszulösen, welches das gesamte Paket mit seinen positiven Errungenschaften in Frage gestellt hätte. Um die totale Konfrontation zu verhindern, brachten Parlamentarierinnen aus SP, CVP und FDP einen Kompromissvorschlag ein: Danach sollte es bei der Erhöhung auf 64 bleiben, doch hätten erwerbstätige Frauen die Möglichkeit, sich ohne Einbusse ein Jahr früher als «reine» Hausfrauen pensionieren zu lassen. Der Vorschlag blieb bereits im SP-Parteivorstand hängen, der ein Zweiklassensystem strikt ablehnte.

Rüffel für Blocher

«Manchmal bin ich sehr im Zweifel, ob wir das Rentenalter heraufsetzen sollen.»

Der Nationalrat hatte sich auch mit Geschäften von weniger grosser Tragweite als dem Frauen-Rentenalter zu befassen, wie etwa mit dem Wirbel um eine Abstimmungsmanipulation seines SVP-Mitglieds Christoph Blocher. Der Zürcher Volksvertreter hatte bei einer Abstimmung das elektronische Abstimmungssystem missbraucht und auf dem benachbarten Pult seiner Parteifreundin Lisbeth Fehr durch Knopfdruck seine Stimme ein zweites Mal abgegeben. Der ertappte Sünder, sonst ein strikter Verfechter von Recht und Ordnung, versuchte seine Handlungsweise als «Jux» abzutun, um die Vorwürfe ins Lächerliche zu ziehen. Erst eine Strafanzeige wegen Wahlbetrugs, von einem jurassischen Bürger gegen ihn eingereicht, machte ihm den Ernst der Lage klar: Der «Gag» war kein blosses Kavaliersdelikt. Der Nationalrat lehnte aber – anders als etwa im Fall des Genfer Sozialisten Jean Ziegler, der wegen Verleumdung und Ehrverletzung eingeklagt worden war – die Aufhebung der parlamentarischen Immunität ab: Er wollte die Affäre im eigenen Haus regeln, statt sie der Justiz zu übergeben. In der Folge bestrafte Nationalratspräsidentin Gret Haller (SP) den einsichtig gewordenen Blocher mit einer präsidialen Rüge.

Nationalrat gibt N 9 zum Bau frei

Vreni Spoerry kämpft vergeblich für die Glaubwürdigkeit der Politik

In der Debatte über die Folgen der vom Volk angenommenen Alpeninitiative für den National- und Hauptstrassenbau entschied nach dem Ständerat auch die grosse Kammer, dass die geplante N 9 zwischen Siders und Brig vierspurig gebaut werden kann, weil das 32 km lange Teilstück keine Transitstrasse im Sinne des Volksbegehrens sei – entgegen allen anderslautenden Aussagen, die von Verkehrsminister Adolf Ogi und vielen anderen Gegnern der Initiative im Abstimmungskampf gemacht worden waren.

Ogi fasste sich wie Pinocchio an der eigenen Nase und gab vor dem Parlament zu, Fehler gemacht zu haben: «Dies ist eine Abweichung von früheren Aussagen.» Vergeblich warnte die Zürcher Freisinnige Vreni Spoerry, die als Kopräsidentin des gegnerischen Komitees «mit Herzblut» gegen die Alpeninitiative gekämpft hatte, davor, gemachte Versprechen in den Wind zu schlagen und die Glaubwürdigkeit der Politik aufs Spiel zu setzen. Ihr engagierter Appell, die bundesrätliche Drohung «Die Alpeninitiative verhindert den Bau einer vierspurigen N 9 zwischen Siders und Brig» zum Vollwert zu nehmen und den zur Verfassungsnorm erhobenen Initiativtext umzusetzen, hinderte aber den Nationalrat nicht, mit 100:67 Stimmen die Oberwalliser Autobahn zum Bau freizugeben.

Die Patienten steigen aus.

Massenflucht bei den Krankenkassen

Die Halbprivatabteilungen der Spitäler beginnen sich zu leeren

Massenexodus bei den Krankenkassen: Gegen 200'000 Privat- und Halbprivatversicherte liessen sich 1993 in die Grundversicherung zurückstufen, um den in den vergangenen drei Jahren um 75 Prozent gestiegenen Prämien zu entgehen. Es ist zu befürchten, dass in den kommenden Jahren die Spitaldefizite aufgrund dieser Entwicklung völlig ausser Kontrolle geraten werden.

Die Massenflucht aus der Halbprivat- und Privatversicherung nahm dramatische Formen an. Von den 1,6 Millionen Versicherten mit Spitalzusätzen stiegen vor allem junge Familien und ältere Leute aus, welche sich die massiv teurer gewordenen Prämien nicht mehr leisten können. Derselbe Trend zeichnet sich auch bei den Neuabschlüssen ab. In den Krankenhäusern beginnen sich die Halbprivatabteilungen zu leeren, was gravierende Folgen hat: Der Kostendeckungsgrad sinkt von derzeit schon mageren 72 Prozent auf unter 50 Prozent ab. Damit geraten auch die Spitalärzte unter Druck.

Blutroter Teppich für einen Humanisten.

Laudatio für einen Kriegsverbrecher

Serbenführer Karadzic erhält russischen Lyrikpreis

Der bosnische Serbenführer Radovan Karadzic, verantwortlich für ethnische Säuberungen, Massenvergewaltigungen und die sinnlose Zerstörung zahlloser Städte und Dörfer, ist mit einem Lyrikpreis des russischen Schriftstellerverbandes ausgezeichnet worden. Der Mann, der als Kriegsverbrecher eher vor ein internationales Tribunal als vor ein Literaturpreisgericht gehörte, werde als «Poet und Humanist» für den «künstlerischen Wert» und das «hohe moralische Niveau seiner Werke» geehrt, hiess es in der Laudatio. Karadzic hat fünf Lyrikbände verbrochen, von denen keiner ins Russische übersetzt worden ist. Aber Literaturpreise sind eben öfters auch politische Auszeichnungen.

Schweizervolk sagt nein zu Blauhelmen

Weiterer Abstimmungssieg der Isolationisten

In der eidgenössischen Abstimmung lehnten Volk und Stände die Blauhelm-Vorlage des Bundesrats klar ab, wobei die Westschweizer Kantone Genf, Waadt, Neuenburg und Jura mit ihrem Ja zu schweizerischen Friedenssoldaten sich einmal mehr auf der Verliererstrasse fanden.

Das Resultat über den Uno-Beitritt (1986), den EWR-Vertrag (1992) und die Blauhelme zeigt auf, dass die Stimmbürgerinnen und Stimmbürger Bundesrat und Parlament nicht gefolgt sind, als die politische Führung in der zweiten Hälfte der achtziger Jahre auf einen aktiveren aussenpolitischen Kurs einschwenkte. Die Blauhelm-Gegner feierten das «Marignano des Bundesrats» und den «weisen Entscheid des Souveräns, sich nicht auf fahrlässige internationale Hasardspiele einzulassen.»

Zwei weitere Vorlagen im Abstimmungspaket, die erleichterte Einbürgerung für junge Ausländerinnen und Ausländer und der Kulturförderungsartikel, konnten zwar ein Volksmehr auf sich vereinigen, scheiterten aber am Ständemehr.

Ungeniessbar - nicht für den Export.

Im Neutralitätsgraben

Bei der Abstimmung über die Beteiligung bei UN-Einsätzen haben die Schweizer einen weiteren Schritt in die Isolation getan. Die österreichische Neutralität war Produkt des Ost-West-Gegensatzes, mit dessen Ende verblasst ihre Anziehung. Die Schweizer Neutralitätspolitik hat mehr Tradition und tiefere Wurzeln: alte Welt oder neue Welt(un)ordnung – eine Mehrheit dort gräbt sich ein, voller Misstrauen gegen die Aussenwelt, in der Hoffnung, im Neutralitätsgraben werde das Land auch künftig europäische und internationale Turbulenzen am besten überstehen.

«Frankfurter Allgemeine Zeitung»

Tatsachen statt Mythen

Die Wurzel des Problems scheint in jenem alteidgenössischen Mythos zu liegen, das Land werde zusammengehalten vom gemeinsamen Willen zur Behauptung gegenüber übermächtigen Feinden, die uns fremde Richter aufzwingen wollen. Wenn ein solches Land von Freunden umzingelt ist, muss es daran zerbrechen. Deshalb brauchen wir einen neuen Feind, und dazu eignet sich «Brüssel» vortrefflich. Jeder weitere Schritt in die Selbstisolation wird uns das bestätigen: Je mehr unser selbsterrichtetes Gefängnis (Dürrenmatt) unseren aufgeschlosseneren Nachbarländern als Behausung eigenbrötlerischer, kleinkrämerischer, überheblicher und egoistischer Hinterwäldler gilt, desto häufiger werden wir Verhandlungsresultate und einseitige Akte provozieren, die bekräftigen, dass wir von Europa nichts Gutes zu erwarten haben.

Wir müssen es endlich schaffen, unsere Meinungsbildung auf den Boden der Tatsachen statt der Mythen zu stellen.

Dr. oec. publ. Christian Lutz
Direktor des Gottlieb-Duttweiler-Instituts in Rüschlikon

Das passt ihm ganz und gar nicht.

Die Auslandschweizer als Opfer

Am Auslandschweizer-Kongress auf der Lenzerheide, der die Funktion der fünften Schweiz für unsere Wirtschaft zum Thema hatte, klagten in europäischen Gastländern arbeitende Auslandschweizer, dass die Selbstisolation der Schweiz zunehmend negative Auswirkung auf ihre Stellung auf dem Arbeitsmarkt habe, da immer häufiger Arbeitskräfte aus Mitgliedstaaten der Europäischen Union bevorzugt würden. Und nicht nur Auslandschweizer bekommen die Sonderbehandlung bei Grenzübertritten zu spüren...

«Ich wollte Ihnen doch nur meine guten Dienste anbieten.»

Bei den Europawahlen wird abgerechnet

Während die Eidgenossen der Bereitschaft ihrer Regierung, vermehrt internationale Verantwortung zu übernehmen, eine unmissverständliche Abfuhr erteilten, stimmten die Österreicher deutlicher als erwartet dem Beitritt zur Europäischen Union zu, was die Isolation der Schweiz in Europa noch verstärkt. Zur gleichen Zeit fanden in den Mitgliedstaaten der Gemeinschaft die Wahlen zum Europäischen Parlament statt. Dank der aussergewöhnlichen Gewinne der britischen Labour-Partei konnten sich die sozialistischen Parteien als stärkste Fraktion halten. In zehn der zwölf Mitgliedstaaten nutzten Bürgerinnen und Bürger die Europawahlen, um ihren Landesregierungen einen Denkzettel zu verpassen. Bis auf Italiens neuen Regierungschef Silvio Berlusconi und den deutschen Bundeskanzler Helmut Kohl mussten alle Regierungschefs Federn lassen.

Nationalrat spart auch bei der Entwicklungshilfe

«So weiss man wenigstens, dass das Geld sinnvoll verwendet wird.»

Mit 90 zu 66 Stimmen hat der Nationalrat einen Antrag der SP, der Grünen und des Landesrings abgelehnt, den Rahmenkredit für Entwicklungszusammenarbeit für die Jahre 1995 bis 1998 auf 4,2 Milliarden Franken zu erhöhen. Mit 3,9 Milliarden blieben CVP, FDP und Liberale in der Mehrheit.

Damit erreicht die Schweiz das Ziel nicht, den Anteil der Entwicklungshilfe bis 1998 auf 0,4 Prozent des Bruttosozialprodukts zu steigern und dadurch das Niveau der anderen Industriestaaten zu erlangen, wie einst beschlossen worden war. Die Sieger der Abstimmung über die Blauhelme (SVP, Freiheitspartei und Schweizer Demokraten) forderten weit drastischere Abstriche und wollten die Entwicklungshilfe an die Bedingung der Geburtenkontrolle knüpfen.

Bald läuft's nicht mehr wie geschmiert

Schmiergelder sollen nicht mehr von den Steuern absetzbar sein

Wegen ihres largen Umgangs mit Schmiergeldern kommt die Schweiz immer stärker unter Druck: An der Konferenz der Justizminister der Europarats-Mitgliedländer musste sich die Schweizer Delegation einmal mehr harte internationale Kritik gefallen lassen.

So musste sich Bundesrat Arnold Koller auf der Mittelmeerinsel Malta die Vorwürfe seines polnischen Kollegen Wlozimierz Cimoszewicz anhören: Wenn in der Schweiz Schmiergeldzahlungen von den Steuern abgezogen werden könnten, werde die Korruption faktisch legalisiert. Das sei nichts anderes als ein Export der Korruption in weniger stabile Länder wie beispielsweise die osteuropäischen Staaten. Er bezeichnete eine solche Haltung als «zynisch». Polens Justizminister rannte mit seiner Kritik eine halboffene Türe ein: Im Vorfeld der Malta-Konferenz hatte der Gesamtbundesrat seinem Justizminister grünes Licht für Vorarbeiten zur Änderung der umstrittenen Schmiergeldpraxis gegeben. Eine interdepartementale Arbeitsgruppe mit Vertretern des Justiz- und des Finanzdepartements klärt jetzt ab, ob und wie Steuerbeamte aktiv gegen Korruptionszahlungen vorgehen können.

«Selbstverständlich werde ich von nun an noch genauer hinsehen.»

Schweiz übernimmt Eureka-Präsidium

Delamuraz wird Präsident der europäischen Technologie-Initiative

Steckt doch noch etwas Leben drin.

An einer Ministerkonferenz in Lillehammer hat die Schweiz von Norwegen das Präsidium der europäischen Technologie-Initiative Eureka übernommen.

Sie ist eine der wenigen überstaatlichen Strukturen, bei der die Schweiz als Vollmitglied mitmacht. Sie war schon Gründungsmitglied, als Eureka 1985 als Reaktion auf die Hochtechnologie-Offensive (SDI) des damaligen US-Präsidenten Ronald Reagan ins Leben gerufen wurde. Ihr Ziel ist es, die europäische Spitzentechnologie durch grenzüberschreitende Zusammenarbeit in Forschung und Entwicklung zwischen Unternehmen und Hochschulinstituten wettbewerbsfähig zu machen. Derzeit laufen rund 800 Eureka-Projekte mit einem Kostenvolumen von 22 Milliarden Franken. Eureka gehören 22 Länder und die EU an.

«Sie, Herr Stich, das isch dänn aber gar nöd son en liechte Stei gsii.»

Liechtenstein will selber kassieren

Das Fürstentum will eigene Steuerverwaltung aufbauen

Der unterschiedliche Ausgang der EWR-Abstimmung in der Schweiz und in Liechtenstein hat den Abnabelungsprozess des Fürstentums von seinem grösseren Nachbarn beschleunigt. Nun will Vaduz die Mehrwertsteuer selber einziehen und dazu eine eigene Steuerverwaltung aufbauen. Bern will einen zu weit gehenden Hoheitsanspruch nicht hinnehmen: Die Frage einer Aufkündigung des Staatsvertrags steht im Raum. Bundespräsident Stich reist zu Verhandlungen ins Fürstentum.

Die von der eidgenössischen Steuerverwaltung präsentierte Verordnung zur Mehrwertsteuer bezieht auch das liechtensteinische Territorium mit ein, das seit 1923 zum schweizerischen Zollgebiet gehört. Seit 1941 erhebt die Schweiz für beide Länder die Warenumsatzsteuer und bezahlt dem Fürstentum eine pro Kopf bemessene Abgeltung. Die Mehrwertsteuer, welche die Wust ab 1995 ersetzt, will Liechtenstein nun selber einziehen. Vaduz bezeichnet den Aufbau einer eigenen Steuerverwaltung als Frage der Autonomie.

Die eingebürgerte Nationalmannschaft

In der eidgenössischen Volksabstimmung ist die erleichterte Einbürgerung junger Ausländerinnen und Ausländer mit Ständemehr verworfen worden. Auch viele Nein-Sager möchten allerdings nicht so kleinlich sein, wenn es sich bei den Antragstellern um Sportprominenz handelt. Es ist nicht zu übersehen, dass die vielbejubelten Erfolge der Fussball-Nationalmannschaft nicht zuletzt dem Umstand zu verdanken sind, dass zahlreiche junge Ausländer der zweiten Generation wie Sforza, Pascolo, Türkyilmaz, Rueda, Vega, Yakin und auch Subiat den roten Pass zur rechten Zeit erhalten haben und damit für die Rotjacken spielberechtigt geworden sind. Und auch den Vater dieser Erfolgsserie, Roy Hodgson, würde man liebend gern einen Landsmann nennen. Der Brite umging in einem Interview eine diesbezügliche Frage allerdings elegant mit der Antwort, dass seine in England lebende Verwandtschaft einen Wechsel der Staatsbürgerschaft nicht verstehen würde.

«Machen wir ganz, ganz schnell, Mister Hodgson - bevor Sie ins nächste Spiel steigen.»

Was für ein Sommer!

Wochenlang litt ganz Europa unter der brütenden Hitze. In der Schweiz geht dieser Sommer als der zweitheisseste des Jahrhunderts in die meteorologische Statistik ein. Die Schattenseite des Sonnenhochs: Der fehlende Regen trieb die Ozonwerte in sprichwörtlich schwindelerregende Höhen. Der in der Luftreinhalteverordnung festgeschriebene Stundengrenzwert von 120 Mikrogramm pro Kubikmeter, der nur einmal im Jahr überschritten werden dürfte, wurde vielerorts chronisch und massiv überschritten. Angesichts der alarmierenden Ozonsituation empfahl im Kanton Bern das Amt für Industrie, nicht nur auf das Auto zu verzichten, sondern auch motorisierte Gartengeräte wie Rasenmäher und Heckenschneider ausser Betrieb zu setzen.

«Tut mir leid - Befehl von ganz oben.»

«Ach, die? Die verkleinern nur spielend ihre Expertenkommission, obschon russisches Roulette verboten wäre.»

Wenn die Politik zum Spielball der Interessen wird

Koller löst Spielbanken-Expertenkommission auf

In der 21köpfigen «Expertenkommission Spielbankengesetz», deren Aufgabe es eigentlich gewesen wäre, den Gesetzesentwurf zum Glücksspiel in der Schweiz voranzutreiben, eskalierte der Streit.

Ihre Exponenten waren der Verwaltungsratspräsident des Spielsalonbetreibers Tivolino, George Häberling, und der Zürcher Psychiater Mario Gmür, der sich als Kämpfer gegen das Geldspiel profilierte. Das wüste Treiben bestätigte einmal mehr die alte Erfahrung, dass die Politik zum Spielball der Interessen verkommt, wenn es um Spielbanken geht. Bundesrat Arnold Koller blieb nichts anderes übrig, als die Kommission auf Antrag ihres Präsidenten, des St. Galler Rechtsanwalts und CVP-Politikers Benno Schneider, aufzulösen. Der Justizminister schrumpfte das vielköpfige Gremium kurzerhand auf sieben Personen zusammen und setzte es umgehend wieder ein.

NICO-ANZEIGER

Wieder Schlappe für den Staatsanwalt

Freispruch im Mordfall Zwahlen ist rechtskräftig

Der Berner Staatsanwalt Heinz W. Mathys hat bei seinen Bestrebungen, den Mordfall Bruno Zwahlen ein weiteres Mal aufzurollen, Schiffbruch erlitten: Der Kassationshof des Kantons Bern wies seine Nichtigkeitsklage gegen den Freispruch des Berner Geschworenengerichts im brisantesten Mordprozess der jüngeren Schweizer Justizgeschichte vollumfänglich ab.

Das Tötungsdelikt von Kehrsatz hat die Berner Justiz neun Jahre lang beschäftigt. Nun gilt es, neue Prioritäten zu setzen und Dampf hinter Delikten zu machen, die weniger spektakulär und menschlich von geringerer Tragik sind als der Fall Zwahlen: Erinnert sei zum Beispiel an die Delikte von Werner K. Rey, der sich unter Hinterlassung eines Schuldenbergs von drei Milliarden Franken nach den ominösen Kreditgeschäften seiner Omni-Holding mit der Berner Kantonalbank auf die Bahamas abgesetzt hat, wo er sich unbehelligt von einem Auslieferungsgesuch sonnen kann.

Berner Justiz, ihrem einzigen Fall dicht auf den Fersen.

Scientology muss um ihre Goldgrube fürchten

Kampf gegen den Vielarmigen.

Der Zürcher Medienrechtsprofessor und Uni-Dozent Wolfgang Larese will Scientology Zürich gerichtlich verbieten lassen, den millionenfach gestreuten Persönlichkeitstest weiterhin zu verwenden, mit dem die Psycho-Sekte weltweit neue Anhänger ködert. Larese hat bei der Zürcher Bezirksanwaltschaft eine Strafanzeige eingereicht: «Scientology begeht gewerbsmässige Urheberrechtsverletzung.»

Da der Test eine Goldgrube ist, könnte die Klage die umstrittene Organisation an ihrer empfindlichsten Stelle treffen. Die Urheberrechte hatte ein Scientologe aus dem zürcherischen Egg in den USA gekauft, war dann bei den Verhandlungen mit dem Scientology-Kader unter starken Druck gesetzt worden und hatte der Sekte den Rücken gekehrt.

Wenn die grossen Chefs nicht mehr weiter wissen...

...müssen externe Berater an die Front

Manager grosser Unternehmen sind zum Entscheiden da und werden für diese verantwortungsvolle Arbeit entsprechend gut bezahlt. So glaubt wenigstens der kleine Moritz. Tatsache aber ist, dass die generös honorierten Chefs selten so entscheidungsfreudig sind wie dann, wenn es zu entscheiden gilt, wem weitreichende oder unangenehme Entscheidungen zugeschoben werden könnten. Die Allgewaltigen, die in ihrem Kostensenkungstaumel auch ihren Stäben allzu drastische Schlankheitskuren verpasst haben, bedienen sich zu diesem Zweck der Dienste von Unternehmensberatungsfirmen, die – lukrative Kehrseite der Medaille – im Gegensatz zu ihren Auftraggebern ihren Personalbestand ständig aufstocken.

«Hören Sie, meine Angestellten stecken tief im Dreck, wir wollten von Ihnen einen guten Chauffeur haben! Wer hier spricht? Der Chauffeur.»

«Ein ganz normales Beratungsgeschäft, Herr Gefreiter. Ich habe dem Mann da gesagt, wo er heute sechs Flaschen Vino für die Hälfte kriegt, und er hat mir für den Tip 10'000 Franken gegeben.»

Ein Sumpf in Zürich und ein Landgut in der Toskana

Anklageschrift im Bestechungsskandal Huber veröffentlicht

In der Korruptionsaffäre um den ehemaligen Leiter der Abteilung Wirtschaftswesen der kantonalen Zürcher Finanzdirektion, Raphael Huber, hat die Bezirksanwaltschaft Zürich ihre 124 Seiten starke Anklageschrift veröffentlicht. Darin wird der ehemalige Chefbeamte der passiven Bestechung in 25 Fällen und des Amtsmissbrauchs beschuldigt. Er soll zwischen 1982 und 1991 mindestens 2,38 Millionen Franken für die zügige und wohlwollende Behandlung von Betriebs- und Umbaubewilligungen für Restaurants, Bars und Hotels sowie für die Erteilung von Wirte- und Alkoholpatenten kassiert und grösstenteils in sein feudales Landgut Podere Vinci in der Toskana gesteckt haben.

Mitangeklagt sind seine Lebensgefährtin Marina Kreutzmann, die Gastro-Unternehmer Fred Tschanz und Rudolf Bindella, die Immobilienhändler Hugo Holenstein und Hans Rudolf Altmann sowie der Detailhändler und Verleger Beat Curti. Der «Weltwoche»-Verleger gab zu, eine «Dummheit» begangen und Huber 110'000 Franken als Beratungshonorar bezahlt zu haben. Weitere 30 Fälle aus dem Zürcher Korruptionssumpf sind noch hängig. Im Zürcher Kantonsrat wurde erneut die Bildung einer Parlamentarischen Untersuchungskommission (PUK) gefordert, welche auch die politische Verantwortung von Hubers langjährigem Vorgesetzten, dem ehemaligen SVP-Regierungsrat Jakob Stucki, abklären soll.

Von gefrässigen Haien und freiheitsliebenden Seelöwen

Während im Zürcher Korruptionssumpf der federführende Bezirksanwalt Emil Frei dem frechen Treiben der gefrässigen Haie Einhalt zu gebieten suchte, veranstalteten zwei aus dem Zirkus Valentino in Ascona in den Lago Maggiore getürmte Seelöwen eine kostenlose Werbekampagne für das Ferienparadies. Otto und Cäsar hielten eine Woche lang nicht nur die Seeanwohnerinnen und -anwohner in Atem: Ihre Flucht wurde zu einem Medienereignis ersten Ranges, welches das in diesem Sommer nicht gesichtete Ungeheuer vom Loch Ness glatt vergessen liess.

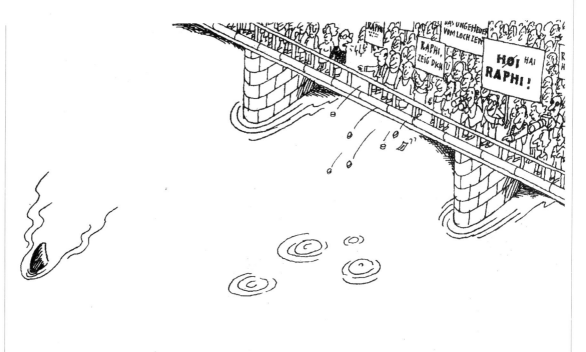

«Weiss man eigentlich, wer ihn ausgesetzt hat?»

Die weisse Weste der Schweiz kriegt immer mehr Flecken

Zur Anklageschrift in der Korruptionsaffäre um den Zürcher Chefbeamten Raphael Huber meinte Justizminister Arnold Koller ernüchtert: «Dieser Fall hat mich desillusioniert. Kein Land ist gegen die Korruption gefeit. Ehrlich gesagt war ich lange Zeit der Meinung, dass wir in der Schweiz eine blütenweisse Weste haben.» Aber als mindestens so gravierend wie die spektakulären Zürcher und Freiburger Fälle beurteilen Experten wie der Basler Strafrechtsprofessor Mark Pieth die Alltagskorruption: «Einmal geschuldete Dienste werden über Jahrzehnte hinweg nicht vergessen.» Diese sogenannten «old boys networks» aus Freunden, Studien- und Militärkollegen funktionieren demnach in der kleinräumigen Schweiz prächtig.

«Daran ist nichts Anstössiges, Herr Bundesrat. Eine übliche, zärtliche Begrüssung unter Männern, die sich seit dem Internat, dem Collegi, der Uni, der RS oder der Offiziersschule kennen.»

NICO-ANZEIGER

«Berlin ist frei, alles ist möglich»

Clinton ruft vor dem Brandenburger Tor zum Brückenschlag auf

In einer als «historisch bedeutsam» angekündigten Rede vor dem Brandenburger Tor in Berlin hat US-Präsident Bill Clinton die Deutschen und die Europäer zum Brückenschlag zwischen Ost und West aufgerufen und ihnen dabei die Hilfe und Solidarität der Amerikaner zugesichert.

«Amerika steht an Ihrer Seite, jetzt und für immer», rief der auf den Spuren seines grossen Vorbildes John F. Kennedy («Ich bin ein Berliner») wandelnde Clinton in deutscher Sprache seinen rund 50'000 Zuhörerinnen und Zuhörern zu. «Nichts wird uns aufhalten. Berlin ist frei, alles ist möglich.»

An der Seite von Bundeskanzler Helmut Kohl schritt er als erster amerikanischer Präsident nach dem Fall der Mauer durch das Brandenburger Tor, wo sich weit weniger Menschen als erwartet versammelt hatten. Gleichentags entschied das Bundesverfassungsgericht in Karlsruhe, dass deutsche Truppen mit Zustimmung des Bundestags auch an Uno-Kampfeinsätzen ausserhalb des Nato-Gebiets teilnehmen dürfen. Clinton hatte Deutschland aufgefordert, eine grössere weltpolitische Verantwortung zu übernehmen.

«Hillary, irgendetwas war damals bei Kennedy anders.»

Brasilien zum viertenmal Fussball-Weltmeister

Die Südamerikaner schlagen Italien erst im Penalty-Schiessen

Brasilien ist Rekord-Fussball-Weltmeister: Nach einem torlosen Endspiel des 15. World Cup zwischen den beiden dreifachen Weltmeistern Brasilien und Italien waren die Südamerikaner vor 100'000 Zuschauerinnen und Zuschauern im Rose-Bowl-Stadion von Pasadena im Penalty-Schiessen die glücklichere Mannschaft: Brasilien gewann mit 3:2 Toren. Die Schweiz war in den Achtelfinals mit 3:0 an Spanien gescheitert. Titelverteidiger Deutschland wurde in den Viertelfinals vom überraschenden Aussenseiter Bulgarien mit 2:1 geschlagen.

Der Final der WM 1994 war vor allem das mit Spannung erwartete Duell zwischen den beiden Stürmer-Stars Romario und Roberto Baggio. Und es war ausgerechnet Baggio, der Italien sozusagen im Alleingang in den Final geschossen hatte, der im Elfmeterschiessen versagte: Er verschoss den entscheidenden Penalty, nachdem zuvor schon Captain Franco Baresi das Tor von Claudio Taffarel nicht getroffen hatte.

Konflikt zwischen Regierung und Justiz

Kabinett Berlusconi schränkt Untersuchungshaft ein

In Italien hat die Regierung von Ministerpräsident Silvio Berlusconi durch ein Dekret die Befugnisse der Richter beschnitten: Verdächtige in den Bereichen organisiertes Verbrechen, Korruption, Drogen und Terrorismus können nur noch bei Fluchtgefahr in Untersuchungshaft gehalten werden.

Aus Protest gegen das Regierungsdekret haben vier prominente Mailänder Staatsanwälte der Gruppe «Mani pulite» ihren Rückzug aus den Korruptionsverfahren angekündigt, unter ihnen auch Antonio Di Pietro, der vor mehr als zwei Jahren die Prozesslawine gegen Politiker, Beamte und Unternehmer ausgelöst hatte und bei der Regierungsbildung Berlusconis Wunschkandidat für das Justizministerium war.

Der Neue nimmt sich alle Freiheiten.

Berlusconi krebst zurück

Das als Geschenk an die diskreditierte politische Klasse beargwöhnte Regierungsdekret über die Beschränkung der Untersuchungshaft hat in der italienischen Bevölkerung einen Sturm der Entrüstung ausgelöst. Die Finanzmärkte reagierten dramatisch mit dem Zerfall der Lira auf die sich anbahnende erste Regierungskrise der Zweiten Republik. Der von der Empörung der Öffentlichkeit und der Rücktrittsdrohung seines Innenministers Roberto Maroni unter Druck gesetzte Ministerpräsident Berlusconi musste das umstrittene Dekret im Parlament zurückziehen. Dies war seine erste politische Niederlage nach nur 60 Amtstagen.

Berlusconi beinahe den Kopf abgeschlagen.

Immer noch das Steuer fest in der Hand.

Schmiergeld aus dem Hause Berlusconi

Der Verdacht, der Baumeister eines neuen und perfekteren Italiens habe mit seinem abgeschmetterten Dekret zur Beschränkung der U-Haft nicht zuletzt seinen eigenen Clan (und sich selbst) schützen wollen, erhärtete sich rascher als erwartet: Sein jüngerer Bruder Paolo Berlusconi, der im Fininvest-Konzern des Regierungschefs das Immobiliengeschäft betreut, wurde von der Mailänder Staatsanwaltschaft verdächtigt, korrupte Steuerfahnder mit umgerechnet 300'000 Franken geschmiert zu haben. Der jüngere Berlusconi tauchte zuerst tagelang unter, stellte sich dann aber Staatsanwalt Di Pietro und gestand im Verhör, einen Schmiergeldfonds in Höhe von 2,5 Millionen Franken zu verwalten. Das Gefängnis blieb ihm vorderhand erspart; er wurde unter Hausarrest gestellt. Für Bruder Silvio nahm die Glaubwürdigkeitskrise kritische Ausmasse an.

Bundesrat beim Betrachten seines (vermeintlichen) Scherzartikels.

Hinein ins regionale Fernsehglück

Ogi erteilt TeleZüri eine Konzession

Das Departement Ogi hat dem vom Verlagshaus Ringier und vom Lokalradio-Pionier Roger Schawinski lancierten Regionalfernsehprojekt TeleZüri eine zehnjährige Konzession erteilt.

Begründet wird der Entscheid mit dem offensichtlichen Bedürfnis nach regionalen TV-Programmen. TeleZüri, das täglich ein einstündiges Informations- und Unterhaltungsprogramm ausstrahlen wird, ist der erste grosse regionale TV-Sender der Schweiz. Sein Verbreitungsgebiet umfasst 530'000 Haushalte im Kanton Zürich und im angrenzenden Aargau. Zwei Wochen vor dem Start ist die TA-Media AG als dritter Partner bei Tele Züri eingestiegen.

Mit Numerus clausus gegen die Ärzteschwemme

«Freude herrscht! Ich bringe frisches Blut.»

Die Schweiz zählt 25'000 diplomierte Ärztinnen und Ärzte. Davon arbeitet knapp die Hälfte in einer Praxis; sie haben im Schnitt lediglich für 600 Einwohnerinnen und Einwohner zu sorgen. Diese Ärztedichte – sie hat sich in den vergangenen 20 Jahren verdoppelt – ist ein wichtiger Faktor für die massive Kostensteigerung im Gesundheitswesen. Von den 30 Milliarden, die jährlich in diesem Sektor ausgegeben werden, entfallen rund 5 Milliarden auf die ambulante ärztliche Behandlung. Engpässe an den Universitäten Zürich und Bern zwingen nun die Behörden, die Zulassung zum Medizinstudium an diesen Hochschulen zu beschränken (Numerus clausus).

Der Zürcher Erziehungsdirektor Alfred Gilgen erklärte, massgebend für den Entscheid sei die Sorge um einen drohenden Qualitätsverlust in der Ärzteausbildung. Die «politisch-administrative Massnahme» stösst auf den erbitterten Widerstand der Studentinnen und Studenten, Mittelschülerinnen und Mittelschüler, deren Verbände bis vor das Bundesgericht gehen wollen.

«Ich halte mich weitgehend an meinen Grundsatz. Aber hin und wieder möchte ich auch mal etwas Ausgelassenes tun.»

Nobel wechselt die Fronten

Gesinnungswandel des prominenten Anwalts

Einer der prominentesten Schweizer Wirtschafts- und Medienanwälte, Peter Nobel, der sich stets für einen angriffigen Journalismus auch in wirtschaftlichen Fragen eingesetzt und sich folgerichtig als Gegner von Maulkörben für die Medien profiliert hat, scheint plötzlich in eigener Sache die Fronten gewechselt zu haben: Weil er sich wegen eines Artikels über seine Rolle als Anwalt in der Bestechungsaffäre um den Detailhändler und Verleger Beat Curti in seinen persönlichen Verhältnissen verletzt fühlt, hat er die SonntagsZeitung (SZ) und ihren Chefredaktor Kurt W. Zimmermann wegen Verstosses gegen das Gesetz über den unlauteren Wettbewerb eingeklagt.

Nobel, Professor an der Hochschule St. Gallen und Ersatzrichter am Zürcher Obergericht, vertritt als Hausjurist den Ringier-Verlag und zugleich Beat Curti, ist Mitglied der Eidgenösssischen Bankenkommission und gleichzeitig Verwaltungsrat der Zürcher Nordfinanzbank und des Wertschriftenhauses Pictet Securities in Genf. Früher präsidierte er zudem den Mövenpick-Verwaltungsrat. Der Vorwurf der SZ, er habe rund um die Korruptionsaffäre Curti eine «undurchsichtige Rolle» gespielt und dabei «kein Sensorium für Interessenkonflikte» bewiesen, brachte ihn auf die Palme.

Langes Warten auf den Ferienflug

Für Tausende von Flugreisenden nach Südfrankreich, Spanien, Portugal, Mallorca und den Kanarischen Inseln begannen die Sommerferien mit einem Ärgernis: Wegen eines dreitägigen Streiks der Fluglotsen im südfranzösischen Kontrollzentrum Aix-en-Provence mussten die Touristen bis achtstündige Wartezeiten in Kauf nehmen. 160 Passagiere der Fluglinie Oasis mussten gar 23 Stunden auf dem Flughafen Kloten ausharren, bis ihre Maschine nach Mallorca starten konnte. Die Swissair strich ihre Flüge nach Marseille, Nizza und Lyon, weil eine Landung auf diesen Flughäfen nicht möglich war. An den Feriendestinationen mussten andererseits Tausende ihre Ferien unfreiwillig verlängern, weil die Rückflüge verschoben oder gestrichen wurden. Der deutsche Verkehrsminister Matthias Wissmann kritisierte den Streik als «eine Art Freiheitsberaubung zur Wahrnehmung egoistischer Ziele».

Beschissene Lage.

Autofahrverbot gegen den Sommersmog

Berner Gesundheitsdirektorin will handeln

Nachdem in der Bundesstadt der Ozon-Grenzwert von 120 Mikrogramm pro Kubikmeter Luft im heissen Sommer 94 mehr als hundertmal zum Teil erheblich überschritten worden ist, will die Berner Gesundheitsdirektorin Ursula Begert (SVP) nun handeln. Sie plant ab 1995 eine massive Reduktion des Strassenverkehrs, weil er in ihren Augen der «Hauptschuldige an den hohen Ozonwerten» ist.

Zu diesem Zweck will sie zentrale Teile der Stadt an Ozontagen für den individuellen Autoverkehr sperren: «Es ist ein Witz, ständig Messungen durchzuführen, wenn man bei Überschreitungen nicht handeln will.» Begerts Pläne dürften für politischen Zündstoff sorgen, könnten aber, wie sie glaubt, bei einer Realisierung Signalwirkung auf andere vom Sommersmog geplagte Städte haben.

Der grosse Ärger mit den Baustellen

Mit unschöner Regelmässigkeit ist in den Sommermonaten das National- und Hauptstrassennetz mit Baustellen gepflastert. Dass gewisse Belagsarbeiten nur in der warmen Jahreszeit zu Ende gebracht werden können, sieht der durch die Ferienstaus ohnehin gestresste Autofahrer noch ein. Kein Verständnis bringt er jedoch für die ärgerliche Tatsache auf, dass kaum jemand auf den grosszügig abgesperrten Baustellen arbeitet, wenn er sie im Schrittempo passiert.

Liberalisierung auch beim Weisswein gefordert

«Hallo, Ihr Dealer!»

Eine Gruppe von Parlamentariern um den Innerrhoder CVP-Nationalrat Rolf Engler fordert den Bundesrat auf, die Einfuhr von Weissweinen jener von Rotweinen gleichzustellen und damit der vom Volk mit der Ablehnung des Rebbaubeschlusses am 1. April 1990 gewünschten Liberalisierung auf breiter Front zum Durchbruch zu verhelfen. Mit der Kontingentwirtschaft und den skandalösen Privilegien der sogenannten Sofa-Importeure müsse endlich Schluss gemacht werden. Diesen Systemprofiteuren waren schon bei der Liberalisierung der Rotweinimporte im Jahre 1992 lukrative Pfründe von schätzungsweise hundert Millionen Franken entzogen worden. Die angedrohten Markterschütterungen blieben aus.

Bundespräsident lobt «cuntrast 94»

An ihrem 703. Geburtstag hat die Schweiz den 1. August erstmals landesweit als arbeitsfreien Tag begangen. In der traditionellen Radio- und Fernsehansprache des Bundespräsidenten forderte Otto Stich, die Schweiz müsse sich wieder vermehrt auf Toleranz, Solidarität und Dialog besinnen. Auch bei der Lösung internationaler Probleme dürfe die Schweiz nicht abseits stehen. Zur Bundesfeier stattete der Bundespräsident dem Pfadfinder-Bundeslager «cuntrast 94» im Napfgebiet einen Besuch ab. Das rätoromanische «cuntrast» heisst auf deutsch soviel wie «Gegensatz». Stich lobte die Zielsetzung der 23'000 Jugendlichen, die vorhandenen Gegensätze positiv zu nutzen, als vorbildlich für das ganze Land.

«Und nun, liebe Mitbürgerinnen und Mitbürger, noch ein paar Worte zur Aussenpolitik des Bundesrates: In London schloss der Franken gestern freundlich ab, Paris gehalten, New York leicht schwächer...»

Noch immer Klasse in der Knoten-Kunde

Um einen speziellen Beitrag zum Pfadfinder-Bundeslager «cuntrast 94» liefern zu können, hatte ein cleverer Fernsehreporter eine originelle Idee: Er besuchte ehemalige Pfadiführer, die als Politiker oder Wirtschaftsführer zu Rang und Namen gekommen sind, um zu testen, was nach Jahrzehnten vom Pfadi-Einmaleins bei ihnen übriggeblieben ist. Resultat: Es war erstaunlich, Prominente wie Alt-Bundesrat Rudolf Friedrich oder Ständeratspräsident Riccardo Jagmetti vor der TV-Kamera demonstrieren zu sehen, wie gut sie die diversen Knoten noch immer zu schürzen verstehen.

NICO-ANZEIGER

«Um industriell wieder ganz vorne dabei zu sein, haben wir keine Opfer gescheut.»

Schweizer Industrie sammelt Pluspunkte

Die Schweiz hat im Wettbewerb mit sechs wichtigen Industriestaaten (Japan, Deutschland, Frankreich, Grossbritannien, Italien und USA) in den vergangenen Jahren Pluspunkte gesammelt. Laut einer Analyse der Konjunkturforschungsstelle der ETH Zürich ist es der Schweizer Industrie gelungen, ihre Brutto-Lohnstückkosten nachhaltig zu senken.

Diese Entwicklung ist darauf zurückzuführen, dass die Schweizer Industrie die zurückliegenden Rezessionsjahre entschiedener als andere Länder genutzt hat, um ihre Fertigungsstrukturen anzupassen und zu überholen. Davon zeugt auch das durchschnittliche jährliche Produktivitätswachstum von drei Prozent in den neunziger Jahren. Da aber die gesteigerte Produktivität im Zeichen der Rezession mit dem reduzierten Auftragsvolumen kontrastierte, war die sprunghaft gestiegene Arbeitslosigkeit die Konsequenz.

7'000'000 leben in der Schweiz

In den ersten Augusttagen 94 hat die Schweiz erstmals die Schwelle von sieben Millionen Einwohnerinnen und Einwohnern überschritten. Anfang Jahr hatte das Bundesamt für Statistik (BFS) bekanntgegeben, die Wohnbevölkerung betrage 6,97 Millionen Menschen, davon seien 1,32 Millionen ausländisch. Der Anteil der Frauen an der Bevölkerung beträgt laut der letzten Volkszählung von 1990 50,7 Prozent. Die Bevölkerungsszenarien des BFS gehen von einer weiteren Zunahme in den nächsten Jahren und einem anschliessenden leichten Rückgang aus. Mit einem Überschreiten der 8-Millionen-Grenze ist in den nächsten vier Jahrzehnten jedoch nicht zu rechnen.

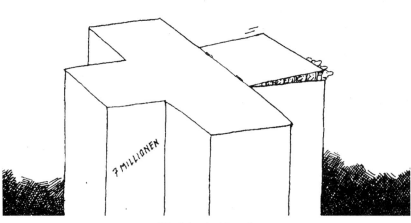

Die Schachtel ist voll.

Der Kunde, der einst König war...

Der Kunde, der nach einem sprichwörtlichen Gerücht in längst vergangenen Zeiten einmal König war, ist heute für viele Dienstleistungsbetriebe vor allem ein Unkostenfaktor und ein störender Problemfall, der möglichst unauffällig und reibungslos entsorgt werden muss. Heute ist der Ex-König das Opfer von unfreundlichen und inkompetenten Beamten und Verkäuferinnen, die ihn nur zu gerne spüren lassen, wer jetzt am Drücker ist. Zwischen Staatsbetrieb und freiem Unternehmertum besteht da kein wesentlicher Unterschied. Hier wie dort werden bei steigenden Preisen Leistungen gestrichen oder ausgedünnt. Der Konsument nimmt den fortschreitenden Abbau der Dienstleistungen resigniert hin und erinnert sich wehmütig der legendären Zeiten, da der Kunde noch König war...

«...und so wird ein König in einer echten Demokratie behandelt!»

«Weck mich bitte nicht, ich habe einen wunderschönen Alptraum.»

Bosnische Serben völlig isoliert

Milosevic lässt «Kriegsverbrecher» Karadzic fallen

Das mit einer höchst fragwürdigen Volksabstimmung untermauerte dreifache Nein des selbsternannten Parlaments der bosnischen Serben zum Friedens- und Teilungsplan für Bosnien, den die internationale Kontaktgruppe (USA, Russland, Grossbritannien, Frankreich und Deutschland) den Konfliktparteien ultimativ unterbreitet hatte, führte die illegale «Republika Srpska» in die totale Isolation.

Der Plan, der die Serben zur Rückgabe von 20 Prozent des eroberten Territoriums zwingen will, wurde nicht nur von den Muslims und den Kroaten, sondern auch von Rest-Jugoslawien (Serbien und Montenegro) akzeptiert, weil der serbische Präsident Milovan Milosevic eine Verschärfung der Uno-Sanktionen befürchtete und Washington sowie die islamischen Staaten mit der Aufnahme von Waffenlieferungen an die bosnische Regierung drohten. Als Milosevic die 350 km lange gemeinsame Grenze schloss und Radovan Karadzic mit der Ankündigung der Generalmobilmachung konterte, wurde der Bruch zwischen Belgrad und Pale mit dem Austausch von Beschimpfungstiraden besiegelt, die in «Kriegsverbrecher» und «Verräter» gipfelten.

Bundesrätin Dreifuss war am Filmfestival von Locarno kein Star

Bundesrätin Ruth Dreifuss legte am Filmfestival von Locarno in einem Gespräch mit der Filmbranche dar, dass sie weniger als erwartet und doch mehr als befürchtet zu bieten habe. Die neue Kulturministerin präsentierte eine vom Bundesamt für Kultur erstellte, äusserst umstrittene Bestandesaufnahme des Schweizer Films und ein von der Filmkommission erarbeitetes 5-Punkte-Papier zur Neuordnung der Filmförderung. Branchensprecher forderten ein entschlosseneres Vorgehen in Sachen Filmpolitik und eine wirtschaftsorientierte Filmförderung. Herbe Enttäuschung überwog vor allem bei den Produzenten, als die aus der Defensive agierende Bundesrätin sich auf vage Absichtserklärungen beschränkte.

«Das Bundesamt für Kultur hat sich entschlossen, für jeden Film den Schlusstitel zu finanzieren. Die Handlung selbst könnte jeweils vom Regisseur vorgelesen werden.»

Jeden Tag ein Dopingfall

Die Frage, ob an den 16. Leichtathletik-Europameisterschaften in Helsinki der erste Dopingfall noch vor dem ersten Startschuss die Runde mache, wurde eindeutig beantwortet: Dopingmeldungen hatten schon vor Beginn der kontinentalen Sport-Show Hochkonjunktur. Tag für Tag wurde die sportinteressierte Öffentlichkeit mit neuen Dopingmeldungen konfrontiert. Die meist weit hinter den Bestmarken zurückbleibenden Leistungen der Sieger wurden damit erklärt, dass die Athleten heute schon im Training Dopingkontrollen zu bestehen haben. Warum in den leichtathletischen Disziplinen im Gegensatz zu anderen Sportarten (z.B. Fussball-Star Diego Maradona und Rad-Star Gianni Bugno) fast nur Athleten der zweiten und dritten Garnitur beim Missbrauch erwischt werden, ist wieder eine andere Frage.

Waldsterben: Kein Thema, aber Tatsache

Greenpeace stellt Sanasilva-Bericht in Frage

Dem Schweizer Wald geht es noch nicht besser. Ob es ihm schlechter geht, ist umstritten. Nach dem jüngsten Sanasilva-Bericht der Eidgenössischen Forschungsanstalt für Wald, Schnee und Landschaft (WSL) weisen 18 Prozent aller Bäume ausgelichtete Kronen auf; schlechter als der Durchschnitt stehen die Nadelbäume und der Gebirgswald da. Die Zunahme der Schäden sei allerdings nicht signifikant.

Nach Ansicht der Autoren dieser Waldschadenerhebung hat die Luftqualität wenig Einfluss auf die Gesundheit der Bäume. Dieser Meinung widerspricht die Umweltorganisation Greenpeace in ihrem Insanasilva-Bericht mit der Erklärung, für das Waldsterben sei bisher keine Ursache ausser der verschmutzten Luft gefunden worden. Es sei klar, dass der schlechte Zustand der Wälder auf das Verbrennen fossiler Energieträger zurückgehe.

«Italienische» Zustände in Frankreich?

In Frankreich häufen sich die Polit- und Korruptionsaffären derart, dass die Öffentlichkeit an italienische Verhältnisse erinnert wird. Gegen zahlreiche etablierte Machthaber aus Politik und Wirtschaft sind Verfahren eingeleitet worden.

Der in eine Korruptionsaffäre verwickelte neogaullistische Minister für Kommunikation und Medien, Alain Carignon, zudem Bürgermeister von Grenoble, musste aus der Regierung Balladur zurücktreten. Besonders der sonnige Süden des Landes scheint für derartige Skandale anfällig zu sein. Der frühere Bürgermeister von Toulon, Maurice Arreckx, sitzt hinter Gittern: Bei der Untersuchung der Ermordung der Abgeordneten Yann Piat kam man auf die Spur einer Schmiergeldaffäre, die den konservativen Senator ins Gefängnis brachte. Sein Kollege Jacques Médecin, Ex-Bürgermeister von Nizza, ist der Veruntreuung öffentlicher Gelder und weitreichender Korruption angeklagt. Er hat sich nach Uruguay abgesetzt, das Auslieferungsverfahren läuft. Auch der Industrielle und frühere Minister Bernard Tapie, der nach den Europawahlen als Führer einer kleinen, linksliberalen Partei zu den Siegern gehörte,

Beim Erledigen ihrer - ungeklärten - Geschäfte.

steht nun im Regen: Weil er als Präsident des relegierten Fussball-Meisters Olympique Marseille Siege auf dem grünen Rasen kaufen liess, darf er sich nicht mehr mit sportlichen Lorbeeren schmücken. Zudem steht er wegen massiver Steuerhinterziehung im Abseits.

Ist Fidel Castro am Ende?

Clinton verstärkt den Druck auf Kuba

Der durch die katastrophale Wirtschaftslage Kubas verursachte Massenexodus kubanischer Flüchtlinge, die zu Tausenden auf selbstgebastelten Flössen und überladenen Booten die Küste Floridas zu erreichen suchen, hat US-Präsident Bill Clinton gezwungen, die zuvor gegenüber kubanischen Flüchtlingen verfolgte Politik der offenen Tür abrupt aufzugeben.

Ohne automatisches Recht auf Asyl werden die Bootsflüchtlinge von der US-Küstenwache aufgefischt und nach Kuba zurückgebracht: auf den US-Marinestützpunkt Guantanamo im Osten der Zuckerinsel. Zudem verbot Clinton Geldüberweisungen von Exilkubanern in ihre alte Heimat und beraubte damit Fidel Castro seiner zweitwichtigsten Devisen-Einnahmequelle. Im Gegenzug drohte der seit dem Zusammenbruch des Ostblocks schwer angeschlagene, seit 35 Jahren regierende Revolutionschef, alle mit seinem kommunistischen Regime unzufriedenen Landsleute ziehen zu lassen und damit den USA ähnliche Integrationsprobleme wie 1980 zu bereiten, als er 125'000 Regimegegner ausreisen liess. Zweifellos: Kuba ist am Boden, aber ist es auch sein 67jähriger, bärtiger Líder Maximo?

«Als er dann laut einen Cuba libre bestellte, habe ich Kuba von ihm befreit.»

«Halten Sie an, Johann - ich möchte diesen Bedauernswerten ein paar Worte des Trostes sagen und der Hoffnung auf das Jahr 1998.»

Zürcher Hilferuf an den Bundesrat

Gewalteskalation in der Drogenszene am Letten

Der rasch eskalierende Drogenkrieg mit vier Morden an nordafrikanischen und libanesischen Dealern innert Monatsfrist, die Bombendrohung zur Freipressung eines inhaftierten Händlers, die drohende Verslumung eines ganzen Stadtkreises und das unbeschreibliche Elend in der offenen Drogenszene am stillgelegten Bahnhof Zürich-Letten und auf der nahen Kornhausbrücke trieben Stadtpräsident Josef Estermann und Polizeivorstand Robert Neukomm zu einem Hilferuf an den Bundesrat, der jetzt endlich handeln müsse.

Seit zwei Jahren wolle die Stadtregierung den Letten räumen, was indessen unmöglich sei ohne genügend Polizeikräfte, genügend Gefängnisplätze und ohne ein Gesetz, das die Inhaftierung eines Drogenhändlers ohne Aufenthaltsbewilligung bis zu seiner Ausschaffung ermögliche. Das seien alles Forderungen, die der Stadtrat seit zwei Jahren an den Bundesrat stelle, rief Estermann aus, der angesprochene Justizminister Arnold Koller konterte, man habe es in Zürich zu weit kommen lassen, der Bund schaue den in der Tat unhaltbaren Zuständen in Zürich keineswegs tatenlos zu. Es bestehe aber kein Spielraum für zusätzliche Bundeshilfe.

Drogen-Krisenkonferenz im Bundeshaus: «Letten-Szene rasch ausdünnen»

Feuergefechte zwischen rivalisierenden Dealergruppen

Es blieb nicht bei Schuldzuweisungen zwischen Zürich und Bern, zumal FDP, SP und CVP die zaudernde Landesregierung unter Druck setzten: An einer Krisensitzung im Bundeshaus beschlossen Delegationen des Bundesrates sowie der Zürcher Kantons- und Stadtregierung, durch härtere Repression gegen Dealer und durch verbesserte Hilfsmassnahmen für Schwerstsüchtige die inzwischen weltweit berüchtigte Drogenhölle am Letten «so rasch wie möglich auszudünnen». Zur Koordination sollte eine «Projektorganisation» gebildet werden. Die Willensäusserung der elf Regierungsmitglieder machte den Drogenhändlern wenig Eindruck: Kaum zwei Wochen später kam es während Tagen zu neuen Schiessereien, wobei sich rivalisierende Dealergruppen regelrechte Feuergefechte lieferten.

«Würdest Du bitte dafür sorgen, dass sie zweimal hinhalten!»

«Stellen Sie sofort das Feuer ein! Sie sind umzingelt.»

Taggeld nur für aktive Arbeitslose

«Ein arbeitsloser Profifussballer, sehr aktiv. Leider trifft er nie.»

Aus dem Konflikt um die Arbeitslosenversicherung zeichnet sich ein Ausweg ab: In der von Eugen David (CVP) präsidierten nationalrätlichen Wirtschaftskommission steht ein Umbau der Versicherung zur Diskussion, der von den Sozialpartnern mitgetragen wird. Grundsätzlich sollen Arbeitslose nur noch Taggelder beziehen können, wenn sie sich aktiv weiterbilden, umschulen oder in einem Beschäftigungsprogramm arbeiten. Um den Schuldenberg der Arbeitslosenkasse zu tilgen, sollen die Prämien befristet auf drei Lohnprozente angehoben werden.

Super-Terrorist «Carlos» ging ins Netz

Der französische Geheimdienst schlug im Sudan zu

Der seit den siebziger Jahren meistgesuchte Terrorist, der Venezolaner Ilich Ramirez Sanchez alias «Carlos», sitzt im Pariser Santé-Gefängnis.

Der Auftragskiller, der zwischen 1974 und 1983 für zahlreiche spektakuläre Anschläge – unter anderem auf die Konferenz der Opec-Minister in Wien – verantwortlich gemacht wurde, erschoss 1975 in Paris zwei Agenten des französischen Geheimdienstes und wurde bereits 1992 in Paris zu lebenslänglichem Zuchthaus verurteilt. Jetzt wurde der französische Geheimdienst in Khartum seiner habhaft: Mit Duldung der sudanesischen Regierung wurde «Carlos», der durch die Wende in Osteuropa und den Friedensprozess im Nahen Osten eine Zuflucht nach der anderen verloren hat, nach einer Hodenoperation von den eigenen Leibwächtern überwältigt, auf eine Bahre gefesselt und auf dem Luftweg nach Frankreich verfrachtet. Aber auch der französische Innenminister Charles Pasqua weiss, dass er keinen ungefährlichen Gefangenen franko Haus geliefert bekommen hat: Der Gedanke, dass «Carlos» seine Kenntnisse über die düsteren Aktivitäten gewisser Regimes ausplaudern könnte, lässt viele Leute zittern.

«Meinen Herr Minister nicht auch, dass wir uns mit dem neuen Gefangenen eine Zeitbombe ins Haus geholt haben?»

Die grosse Kunst, tote Fische zu fangen.

Erste Kantonalbank wird privatisiert

Bankverein übernimmt Aktienmehrheit an Solothurner Staatsinstitut

Ein Tabu ist gebrochen: Erstmals soll eine Kantonalbank voll privatisiert werden. Diesen Weg schlägt die Solothurner Regierung zur Sanierung ihrer maroden Staatsbank vor, die durch leichtfertige Kreditvergabe in Schieflage geraten ist.

Das Rennen machte der Schweizerische Bankverein (SBV) mit einer grosszügigen Beteiligungsofferte, die einem Angebot des Kantonalbanken-Verbandes vorgezogen wurde. Der Bankverein ist bereit, eine Mehrheit am Aktienkapital der Solothurner Kantonalbank zu übernehmen und zudem einen Aufpreis von 166 Millionen Franken zu zahlen. Der Kanton muss noch knapp 200 Millionen zur Sanierung beisteuern. Nach dem Solothurner Deal hält auch die Zürcher Regierung die gegenwärtige Eigentumsform der Zürcher Kantonalbank mit Staatsgarantie für überholt: ein krasser Gegensatz zur Haltung des Kantonsrates, der sechs Wochen zuvor dem Vorschlag, die ZKB zu privatisieren, eine klare Abfuhr erteilt hat.

Der Rassismus und die Schweiz

Die Schweiz möchte, wie 139 andere Nationen vor ihr, der Konvention über die Rassendiskriminierung beitreten, die als wichtiges Instrument zum Schutz und zur Förderung der Menschenrechte dient. Für die Unterzeichnung des Übereinkommens muss sie eine zeitgemässe Gesetzgebung vorweisen können, die dafür sorgt, dass auch in unserem Land, in dem rassistische Tendenzen unverkennbar sind, rassistische Hetzkampagnen, die Verbreitung der Nazi-Ideologie und die Diskriminierung anderer Menschen wegen ihrer Rasse, Religion oder Ethnie geahndet werden können. Die eidgenössischen Räte haben dem Antirassismus-Gesetz klar zugestimmt. Vor der Volksabstimmung bekämpfen die Gegner das Gesetz mit dem einmal mehr heraufbeschworenen «Uno-Diktat», mit der Berufung auf das Recht der freien Meinungsäusserung und der Behauptung, die heutige Gesetzgebung genüge vollauf, um Rassisten in Schranken zu halten.

Koller und Cotti stolpern über Kriegshetzer Kabuga

Bern hat zu lange das Diktaturregime in Ruanda unterstützt

Die Schweizer Aussen- und Entwicklungspolitik in Ruanda gerät immer stärker ins Zwielicht. Gleich zwei Bundesräte – Flavio Cotti und Arnold Koller – müssen sich mit peinlichen Skandalen herumschlagen, die ihnen aus dem Bürgerkrieg im fernen afrikanischen Land erwachsen.

Bern muss sich den Vorwurf gefallen lassen, es habe sich zu lange mit dem diktatorischen Regime des Präsidenten Habyarimana identifiziert. Der Geschäftsmann Félicien Kabuga lebte mit seiner Familie unbehelligt zwei Monate in der Schweiz, obwohl die treibende Rolle seines Radiosenders «Mille Collines» am Völkermord in Ruanda bei der Visumserteilung bereits bekannt gewesen war.

Schliesslich durfte Kabuga, dessen Sender zu den Massakern an Angehörigen des Tutsi-Stammes aufgerufen hatte, nach Zaire ausreisen. Eine undurchsichtige Rolle spielte dabei der Direktor des Bundesamtes für Ausländerfragen, Alexandre Hunziker, der zweimal mit Kabuga dinierte und auch Kontakt zu dessen Schwiegersohn, dem zur unerwünschten Person erklärten Diplomaten Fabien Singaye, hielt.

«Ich habe nicht geahnt, dass Ihr Hotelgast ein so grosser Jasser ist.»

Gefängnisse sollen rentieren

Schweizer Firma präsentiert Konzept für Privatgefängnis

«Nach der Clavadetscher-Offerte können wir uns vor Angeboten kaum retten. Dieser Botta-Bau würde zum Beispiel einen hübschen Hochsicherheitstrakt abgeben.»

Die Privatwirtschaft kann Gefängnisse nicht nur rascher bauen als der Staat, sondern auch wesentlich billiger betreiben: Mit dieser Behauptung haben der frühere Direktor der Berner Strafanstalt Thorberg, Urs Clavadetscher, und die von ihm geleitete Firma Correctas AG in Kreuzlingen die kantonalen Justizdirektionen irritiert.

Ein privatisierter Strafvollzug sei nicht nur sicherer, moderner und humaner, er werde auch Einsparungen in Millionenhöhe ermöglichen, erklärte Clavadetscher, der seinerzeit über seinen Häftling Bruno Zwahlen gestolpert ist, und präsentierte das Modell eines Privatgefängnisses: Ein kompakter, mit vielen elektronischen Sicherheitseinrichtungen ausgerüsteter Bau mit 200 Zellenplätzen. Das Projekt, das sich an amerikanischen Vorbildern orientiert, soll europaweit angeboten werden.

Streit am Bett eines Todkranken

Schwarzpeter-Spiel bei der Sanierung der Bundesfinanzen

Der Bundesrat tat sich in zwei Klausursitzungen schwer mit der Sanierung der Bundesfinanzen: Der Schwarze Peter ging bei den Departementsvorstehern von Hand zu Hand. Finanzminister Otto Stich, der mit seinem Neat-Alleingang und der Forderung nach einer etappenweisen Realisierung Prügel von seinen Kollegen bezogen hatte, präsentierte schliesslich ein Sanierungspaket, das bei Einsparungen und Steuererhöhungen von je zwei Milliarden Franken ein Defizit von 7,4 Milliarden für 1995 vorsah.

Er erklärte, ein von den Wahlstrategen dominierter Dogmenstreit, ob die Sanierung bloss durch Sparen oder durch eine Kombination von Kürzungen und Mehreinnahmen erfolgen solle, sei vergleichbar mit dem Streiten von Ärzten am Bett eines Todkranken. Eine von den bürgerlichen Parteien verlangte Sanierung ohne Steuererhöhungen bringe Abstriche bei zentralen Bundesaufgaben wie Forschung, Verteidigung (das EMD will wegen des F-18 170 Millionen mehr ausgeben), Verkehr, Entwicklungshilfe oder Sozialversicherungen.

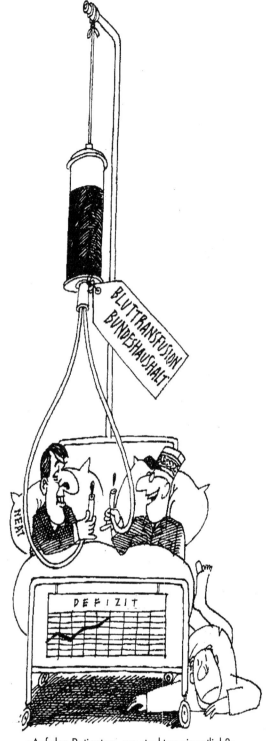

«Auf den Patienten - wo steckt er eigentlich?»

Maschinenindustrie als Opfer der Sparwut

Neue Entlassungswelle wegen ausbleibender Aufträge von Bund und Kantonen

In der Schweizer Maschinenindustrie rollt eine neue Entlassungswelle an: Der Sulzer-Konzern streicht in der Lokomotivfabrik Winterthur 120 Stellen, die ABB-Verkehrssysteme bauen 200 Arbeitsplätze ab, und der auch im stagnierenden Waggonbau tätige Luzerner Aufzughersteller Schindler reduziert sein Personal um 60 Personen und lagert die Komponentenfertigung nach Spanien aus. Für diese drei Grossfirmen hat die Sparwut bei Bund und Kantonen unheilvolle Konsequenzen. Neben dem Investitionsstopp bei der defizitgeplagten öffentlichen Hand macht ihnen auch die verzögerte Realisierung der Bahn 2000 zu schaffen. Aus anderen Gründen ist auch beim Personalabbau im Zuger Elektrokonzern Landis & Gyr kein Ende abzusehen.

«Aus Spargründen fahren wir nur noch in eine einzige Richtung.»

Die Patrons mogeln unbehelligt

Missbrauch der Arbeitslosenversicherung mit Kurzarbeit

Wenn immer öfters der Missbrauch der Arbeitslosenversicherung (ALV) beklagt wird, sind damit meist die arbeitsunwilligen Arbeitslosen gemeint, die unverfroren ihr Taggeld von der Kasse mit ihrem Zwei-Milliarden-Defizit beziehen. Aber es wird wenig über den Missbrauch der ALV durch Arbeitgeber gesprochen, die munter Kurzarbeitsentschädigungen einkassieren, obwohl sie ihre Angestellten voll arbeiten lassen. Die wenigen Kontrollen, die das Bundesamt für Industrie, Gewerbe und Arbeit (Biga) mangels genügend ausgebildeter Revisoren vornehmen konnte, brachten besorgniserregende Missstände an den Tag: Bei neun von vierzehn untersuchten Betrieben wurden Unstimmigkeiten festgestellt. Bei der Schlechtwetterentschädigung sieht die Bilanz noch trüber aus: Von acht kontrollierten Betrieben war lediglich einer nicht zu beanstanden.

«Wieder mal typisch: Die Arbeiter können kurztreten, während wir voll laufen müssen.»

Hans Kurt Studer

Auf Hans Kurt Studer können Sie sich verlassen. Kommt ihm eine Nico-Karikatur unter die Augen, weiss er bestimmt, in welchem Zeitraum und Zusammenhang sie erschienen ist. Sein Gedächtnis geht in die (zeitliche) Tiefe und in die (räumliche) Breite. Die Welt mit ihren Turbulenzen ist seine Leidenschaft. Und die Information. Dreissig Jahre lang hat er Inhalt und Gestalt des «Tages-Anzeigers» mitgeprägt. Als Auslandredaktor, Bildredaktor und Leiter des Ressorts «Frontseite und Reportagen». Daneben wirkte er von 1959 bis 1971 als Chefredaktor des Jahrbuches „Weltrundschau". Auf dessen damalige Auflage von 120 000 Exemplaren und dessen Übersetzung in zwölf Sprachen ist er auch heute stolz.

Angesichts seiner Persönlichkeit sei nicht damit zu rechnen, dass er sich nach der Pensionierung neuen Altershobbies zuwenden werde, meinte ein Redaktionskollege 1991, als Hans Kurt Studer in den Ruhestand trat: «Der Profi-Journalist Studer wird weiterhin neugierig, newshungrig und reisefreudig bleiben.» Genau so ist's. Auf Hans Kurt Studer ist eben Verlass – auch in anderer Hinsicht: Bei aller Weltgewandtheit fühlt er sich stets seinen eigenen Überzeugungen verpflichtet. Da bekommt sein Gedächtnis besondere Tiefe.